14歳からの「啓発録」

空手道場「瀬戸塾」師範
瀬戸謙介

致知出版社

まえがき

この『十四歳からの「啓発録《けいはつろく》」』は、今から百七十年以上前（一八四八年）に橋本左内《はしもとさない》が十五歳（満十四歳）の時に一人前の大人になるためには自分自身がこれからの日常生活においてどのような心掛けで日々過ごすかの覚悟、決意表明として書いた『啓発録』を基に、同じ年の中学二年生の君たちにもその内容をぜひ伝えたくて執筆したものです。

君たちも十四歳、あと一年で義務教育を終えます。今の時期は、自分が将来どのような方向に進み、どのような職業に就くのかこれからの進路を自分で考え決定しなければいけない年齢です。それによってどの高等学校を受験するのか、あるいはどこの専門学校に行くのかが決まります。

中学生と言えば人生に対して思い悩む時期だと思いますが、私も君たちと同じ中学生の時に、勉強のこと、友達のこと、周りの環境など様々なことで悩みました。その中でも一番思ったことは、

「なぜ、自分はこの世に生まれてきたのだろうか」

ということでした。

確かに自分の好きなことをやっている時は楽しいのですが、人生楽しいことばかりではありません。むしろ自分の意思にそぐわないことの方が多くあり、こんな住みにくい世の中に何で自分が生まれてきたのかいつも疑問に思い悩んでいました。

自分がこの世に生まれてきた理由を、学校の先生や周りの大人に聞いてもはっきりとした答えはもらえませんでした。

「う～ん難しい質問だな。そのうち分かる時が来るかもしれない、そんなことで悩むよりもまずしっかりと勉強しろ」と言われるのが関の山でした。

そこである日、私は母親にこの質問をぶつけました。すると母からは、

「それは、神様からあなたは立派な人間になって、人様の役に立つようにといった使命を受けてこの世に生まれてきたのです。ですから、あなたは常に人として立派な人間になろうと思い、努力しなければ神様から罰を与えられますよ」

という答えが返ってきました。

この「神様」という言葉で私の気持ちが定まりました。目に見えない上から与えられた義務、そのことだけに専念して全《まっと》うすれば良いのだと思うと気持ちがすごく楽になり、自然と「立志」の方向性が決まりました。私たち一人一人皆、天より「人の役に立つ人間になりなさい」と使命をうけこの世に送り出されてきているのです。

ですから君たちも橋本左内に負けないだけの心意気を見せてほしく思います。

橋本左内はまだ日本が開国していなかった幕末、二十五歳（一八五四年）の時に、

「いずれ世界には国際連盟というものが出来、その中心となるのはイギリスやロシアといった力の強い国に成るだろう。この厳しい国際社会の競争を生きて行くには、開国してそのどちらかの強国といずれ連盟を結ばなければならない」

と言った人です。

当時、世界中で左内の他に国際連盟を造りみんな仲良くやろうといった考えを持っている人は一人もいなかったと思います。むしろ西欧列国は植民地政策を取っており、いかにして他国の領土を分捕《ぶんど》るかといった考えの基に国策を行っていました。当時、西欧列国以外で完全に自主独立していた国は驚くことに日本だけです。

その後、日本とイギリスが日英同盟を結んだのは左内の予言から四十四年後の一九〇二年、国際連盟ができたのが六十二年後、つまり第一次世界大戦が終わった後の一九二〇年のことです。橋本左内がいかに先見の明を有した人かが分かると思います。

そして、あの西郷隆盛《さいごうたかもり》に「自分は先輩として藤田東湖《ふじたとうこ》に敬服し、同僚では橋本左内に敬服している。この二人の学才、才器、見識は到底自分の及ぶところではない」と言わしめた人物です。

橋本左内は幼少の頃は父の教えを受け、七歳からは舟岡周斎や高野眞斎から、昔の立派な教えが書いてある書物や歴史を学びました。左内は『啓発録』を書いたいきさつを次のように書いています。

「自分の性格はおおざっぱで気が弱く怠け者でしたので自分から進んで勉強しようといった気持ちがありませんでした。将来自分は立派な人間になれないのではないかと毎夜寝床に入ってから自分の情けなさに涙を流していました。これではいけない、何とか両親の名前が世の中に知れ、ゆくゆくは主君のお役に立てるような人物になり、ご先祖さまが残してくれた立派な功績を世の中に再び輝かせたいといつも思っていたら、だんだんと悟りその気持ちが心の底から湧いてきました。後日その気持ちを忘れることのないようにと書き留めたものです」

この『啓発録』は、満十四歳の少年が書いたとは思えないほどの内容で、志は遠大であり、見識の高さ、覚悟たるや私たちが見習うべきことが多々書かれています。

『啓発録』の内容は、

第一に「去稚心《きょちしん》」（稚心を去る。子供じみた甘ったれた依頼心を捨て去り、独《どく》立独歩《りつどっぽ》の心を起こす）、

第二に「振気《しんき》」（気を振るう。何事に対してもやる気を起こし、勇気を持って事にあたる）、

第三に「立志《りっし》」（志を立てる。一生懸命勉強して天下国家に役に立つ人間になる）、

第四に「勉学《べんがく》」（学に勉《つと》める。学問に励む）、

第五に「択交友《たくこうゆう》」（交友を択《えら》ぶ。友を選び、切磋琢磨《せっさたくま》し自分を磨く）

という五項目が書かれており、いずれからも左内の大人になる決意が伝わってきます。

中江藤樹《なかえとうじゅ》や頼山陽《らいさんよう》など歴史に名を残した多くの人物は同じく十四歳前後で志を立て、決意し実行しています。『論語』で有名な孔子《こうし》も十五歳の時に「我十有五《われじゅうゆうご》にして学に志す」と言っています。これは十五歳の時に勉強しようと決心したの

ではありません。もとより孔子は幼い時から勉学に励んでいました。ここでの「学に志す」とは「自分は天下国家の役に立つ人間になるぞ」と決意をし、それに向かっての勉学に励むといった意味です。自分が天から授かった能力を一生涯掛けて磨き、高め、天下国家のために役に立つ人間に必ずなるぞ、と十五歳の孔子は志を立て、誓ったのです。

私が君たちにこの本を読んでほしいのは、君たちも橋本左内のように志を立て、将来社会に対して貢献する立派な人間になってほしいからです。

人生の目標は「いかに人の役に立つ人間になるか」です。十四歳の君たちはあと一年で義務教育を終え、自分で将来の方向性を決断しなくてはならない時期にあるのです。この大切な一年間に『啓発録』を何度も読み、しっかりと自分の将来を見据えてください。

なお、『十四歳からの「啓発録」』の前半は橋本左内の『啓発録』を基に、現代を生きる君たちに向けて意訳しています。従って、後半に橋本左内『啓発録』の原文と口語訳を併せて掲載していますので、歴史的背景や彼の人間性、当時の心情に直接触れる意味でぜひ原文と口語訳も読んでみてください。

その前には、矢嶋皞《やじまあきら》という人が、橋本左内にお願いされて書いた序文も、原文と口語訳で掲載しました。こちらも読んでみてください。

なお、これらの原文の仮名遣《かなづか》いは、歴史的仮名遣いで送り仮名と振り仮名を表記してあります。口語訳の方は、君たちが今、使っている現代仮名遣いで送り仮名と振り仮名を表記してあります。

14歳からの「啓発録」＊目次

まえがき……1

一　現代版「啓発録」……13

去稚心——甘え心をなくせ
振気——常に気を振い立たせよ
立志——志を立てよ
勉学——学問に励め
択交友——友を選べ

二　橋本左内「啓発録」／原文・口語訳……39

啓発録叙——矢嶋　皞
去稚心
【口語訳】稚心を去る

振気
【口語訳】気を振るう
立志
【口語訳】志を立てる
勉学
【口語訳】学に勉める
択交友
【口語訳】交友を択ぶ（選ぶ）

付録　「啓発録」以後の橋本左内……77
橋本左内のその後
同時代人の見た橋本左内
あとがき……83

装幀・本文デザイン――フロッグキングスタジオ
編集協力――柏木孝之

一

現代版「啓発録」

去稚心――甘え心をなくせ

稚心《ちしん》とは、幼く未熟な心のことで、何事につけても楽をしようといった甘え心のことを言います。果物や野菜などがまだ充分に熟していないのも稚（まだ青い）と言います。これらすべてにおいて青くさく、物の熟した本当のおいしさには達していません。何事につけてもこの、青くささ「稚心」から抜け出さない限り成功することは望めません。

両親の目を盗み、マンガ、携帯メール、コンピューターゲームなどの遊びに夢中になり身体を動かさず、勉強もせず、スナック菓子やケーキなどの甘いものばかりを食べ、バランスの良い食事を取らず、勉強もせず怠けてぶらぶらと遊んでばかりいる。また、自分に都合の悪いことは全て他人のせいにし、言い訳ばかりを言う。親に対する依頼心が強く、少しでも困ったことがあると親に助けを求め何とかしてくれると思う心、これらは全て稚心の青くさい心が原因です。

幼児の間は仕方がないとしても、満十三、四歳にもなり、義務教育を終えようとする若者にまだこの気持ちが残っているようでは何をやっても上達するはずはありませんし、高い志などとても持てるはずがありません。ましてや大人になった時に人々のために役に立つ人物に成ることなど望めません。

源氏《げんじ》と平家《へいけ》が激しく戦った昔から、名の有る武将たちは十二、三歳（満十一、二歳）には初陣《ういじん》し、戦場を駆け巡って見事に敵を打ち負かし侍《さむらい》としての名を轟《とどろ》かせたものです。

江戸時代に近江《おうみ》（現在の滋賀県）の聖人《せいじん》と慕《した》われた中江藤樹《なかえとうじゅ》（一六〇八～一六四八）は十一歳（満十歳）の時に四書《ししょ》（『大学』『中庸《ちゅうよう》』『論語』『孟子《もうし》』）の中の『大学』という書物に出会いその中の一節、

「天子《てんし》より庶民《しょみん》に致るまで、いつにこれ皆、身を修むるを以《もっ》て本《もと》となす」（注）

という言葉に大変感銘し、自分が一生目指していく道はこれだと決心しました。

それからというもの、より一層勉学に励みました。やがて徳を積んだ藤樹の元には全国各地から教えを乞《こ》うために多くの人々が訪ねてきました。

（注）上は天子から、下は一介の庶民に致るまで全ての人が一途《いちず》に求めなければならないことは、自分の徳性を高め己を磨くことである。

『日本外史《がいし》』を書いた頼山陽《らいさんよう》（一七八〇～一八三二）も十四歳（満十三歳）の時に次のような詩を残しています。

十有三の春秋　逝《ゆ》く者は已《すで》に水の如《ごと》し
天地　始終無く　人生　生死有り
安《いず》くんぞ古人《こじん》に類《るい》して　千載《せんざい》　青史《せいし》に列するを得ん

＊十有三……十年と三年。十三歳のこと。
＊春秋……春に耕作し、秋に収穫するといった意味から、一年の歳月を表している。
＊天地始終無く……天地は永遠に変わらない。

＊千載……長い年月、永遠に。
＊青史……歴史　記録

（訳）
今や十三歳となり、歳月は川の流れのように過ぎ去ってしまった。
天地は永遠に変わらないが、人間には必ず死が訪れてくる。
ならば、死ぬまでに古《いにしえ》の聖賢《せいけん》のように努力して、歴史に名を残す人物になりたいものだ。

この漢詩は、頼山陽が十四歳（満十三歳）の正月を迎え、今まで過ごしてきた十三年間を振り返り、そして自らの大願《たいがん》を詠《よ》ったものです。

山陽は十二歳（満十一歳）の時「立志論」を書き、そこには政治学・経済学を学ぶことを誓っています。この詩は、その「立志論」に続く「立志詩」です。

中江藤樹も頼山陽も自分の志を全《まっと》うするために現実の自分を見つめ、甘えを取り去ることを決心しました。君たちも「志」を立てそれを全うするには、まず甘え心「稚心」を取り去り本気で立ち向かっていかなければ願いが叶《かな》うことなど到底ありえません。

稚心を取り除かなければいつまでも大人になれず、人々から軽蔑《けいべつ》されます。大人になる第一歩として稚心を取り去ることが立派な大人の仲間入りをする出発点なのです。

「稚心を断ち切る」とは、今自分がやらねばならないことをはっきりと自覚し、実行するということです。

◎振気――常に気を振い立たせよ

「気」とは生命体の発するエネルギーです。自然界に存在する生きとし生けるもの全ては気を持っております。もちろん鳥や獣もこの気というものを持っています。世の中の全ての物が、気によって成り立っていると考えても過言ではありません。気があって初めて物は存在し、気があって初めて物は造り出されます。そして全ての人々も、強気、弱気、正気《しょうき》、邪気《じゃき》などそれぞれ異なった気を持っております。

「振《しん》」とは、自分自身の心の中で決めたことを、どんなことがあってもくじけず、立ち向かっていくように気力を奮い立たせ、怠《なま》け心が起きないように気を引き締めることです。

空手修行の目的の一つに精神の錬磨《れんま》があります。これはいかに個々の持っている「気」を鍛えるか、ということです。気を鍛えるには真剣味のある稽古《けいこ》を積まなければなりません。真剣とは、読んで字のごとく触れれば切れる刀を扱っているような気持ちで、一つの突《つ》き、一つの蹴《け》り全てに対して「気」を込めて行うことです。稽古の時に「気」を意識して一つ一つの技に「気」を込めて真剣に稽古することによって、精神も真剣になり奮い立つのです。

昔、武士の放つ強い気を「士気《しき》」と呼んでいました。一般の人々は、どんなに年歯《とし》も行かない若者であっても武士に対しては決して無礼な行動を取らなかったのは、この士気に畏《おそ》れを抱いていたからであって、その人の武芸、力量、地位などに対して恐れていたのではありません。

武士は日常の戦《いくさ》のない時には、農民のように鋤鍬《すきくわ》を持って田畑を耕していましたが、常に廉恥《れんち》の心を持ち、自分の心を曲げてまで人に迎合《げいごう》するような情けない心は持っていませんでした。いったん事有れば、すぐさま、鋤鍬を投げ捨て鎧兜《よろいかぶと》に身を包み多くの者を連れ従い君主の下に馳《は》せ参じました。

そして虎や狼のような勇士を手足のごとく使い、戦で成功すれば名は末代まで残るが、武運《ぶうん》つたなく敗れ屍《しかばね》を原野に曝《さら》すことなどは少しも恐れませんでした。富や出世の誘惑にも惑うことなく、死をも恐れず我が信じる道を突き進む姿を見て、人々はその心に感じ入り、義勇心に畏れ心服《しんぷく》し武士を尊敬したのです。

我々が今平和に暮らせるのも、このようにご先祖さまが外敵と戦い、あらゆる災害を克服しながら今の素晴らしい日本という国を築き上げてくれたおかげなのです。このように我々はご先祖さまのおかげで今安楽に暮らせているのですから、少しなりとも学問を心掛け、一生懸命努力し、ご先祖さまの御恩に報いなければいけません。

「振気《しんき》」の心を常に保ち後戻りさせないようにするには、先に記した「士気」を呼び覚まし、振るい起こし、「人の後塵《こうじん》を拝《はい》するようなことがあってはならない」と常に自分自身肝に銘じることが大切です。とはいえ、いくら士気を奮い立たせても「志」が無ければ、ちょうど氷が解け、酒の酔いがさめるように、気がゆるみ後戻りすることがあります。

だから、一度士気を振るい立てたならば、次にはしっかりと「志」を立てることがとても大切です。

◎立志――志を立てよ

「志」とは心の行くところ、自分の心の向かって行くところをいいます。

人間として生まれ、親や国を大切にする心が有るのならば、まず自分の身体を大切にし、武道、学問に励み立派な一廉《ひとかど》の人物になるように心掛けることが大切です。昔の聖賢君子《せいけんくんし》や英雄豪傑《えいゆうごうけつ》のように、社会のために尽くし、天下国家の利益になるような人物になろうとまず心に固く決意することです。世のために何の役にも立たずに一生を終えるような者には決してなってはならないと心に決め努力する、この心意気が「志」を抱くことのはじまりです。

また、「志」を立てるというのは、自分が何をしたいのかをはっきりと見定め、一度こうしたいと決心したならば真っ直ぐにその方向を見据え、初心を忘れないようその心を持ち続けて行くことが大切なことです。

この「志」が立つには次の三つの要素が考えられます。

第一は良書によって大いに学び、偉人賢人の生きざまに感化され自分もそのような人物になろうと思うこと。

第二は良き師、良き友から学ぶこと。

第三は自分自身が壁にぶつかったり、逆境に陥ったりした時に発憤《はっぷん》して壁を乗り越えるために勇気をもって奮い立つことです。

このような時に人は「志」が心の奥底から湧き上がってくるものなのです。

日頃、何も考えずに呑気《のんき》に暮らし、心がたるんで緊張感のない者にはとても「志」など立つものではありません。

志が定まっていない者は魂のない虫けらと同じで、いつまでたっても一人前の大人にはなれません。しかし、一度志が立って目標が定まるとそれ以後は日々努力をすることによって成長していきます。ちょうど芽の出かかった草木に肥料の効いた土壌《どじょう》を与えるのと同じようにぐんぐんと成長していきます。

昔から叡智《えいち》あふれ素晴らしい人物と言われた人でも、決して目が四つあったとか口が二つあったというわけではありません。皆その「大志」を抱き、その「大志」に向かって揺るぎない意思をもって突き進んだ結果として世に知れ渡り歴史に名を残す人物となったのです。

しかし、世の中の多くの人々は現状に甘んじて何もせず、つまらない一生を終えています。これは「志」がなく、自分の人生と真正面に向き合っていないからです。「自分の人生、こんなことで良いのか」と真剣に問うたならば無為に過ごせるはずがありません。これで「志」の大小がその人の人生を決定する最大の要素であることが分かったと思います。

「志」を立て、それに向かって努力することは、山登りと同じです。山のふもとから、一歩一歩堅実に踏みしめ歩くことの継続によって初めて頂上に到達することが出来るのです。決して近道などありません。同じように、自分が目指す徳の高い立派な人物に成ろうと決心したならば、日々自分の欠点を一つずつ取り去り、少しでも理想の人物像に近づくために努力し続けたならば必ず最後には徳のある立派な人間になれます。

それは、足腰の弱い者でも山登りに挑戦し、自分のペースを守り諦めずにやり抜いたならば必ずいつかは頂上に到達することが出来ることと似ています。

「志」を立てた以上は、その目的を達しなければ意味がありません。目的を達するには他のものには目もくれずに一筋に突き進むことが大切です。若いうちは気が散りやすく周りの人のすることが気になって自分も同じことをやりたくなりがちですが、この気の迷いが「志」を遂げることの出来ない一番の原因です。

自分自身で将来の歩むべき道をしっかりと考え、その上で先生に意見を聞いたり友人と相談したりして自分の考えの足りないところを補うことが大切です。こうして決めた将来の道筋に対してはっきりと自覚し、それに向かって行動を起こすのです。

とかく人は気が散りやすいものですが、多くのことに気を取られ目標を見失わないように心掛けなければいけません。心が迷うということは、心が浮《うわ》ついていて何ごとにも目移りすることで、それはまだ「志」が定まっていないために起こるのです。「志」が定まらず、心が乱れているようでは到底、君子、聖人、賢人、などになれるはずがありません。

「志」を立てる一番の近道は君子、聖人や賢人の教えの書かれた本や歴史の書物を読み、その中から自分が深く感動し心に響いた部分を書き抜いて壁に貼っておくとか、いつも持っている手帳に書き留め、ことあるごとに読み、常に反省し、自分の足りないところを補う努力をして、日々自分が成長していくことを楽しみにすることが大切です。

「志」を立てたとしても、その後勉学に励むことを怠ったのではかえって頭の働きが前よりも悪くなり道徳心が失われ、人間として堕落《だらく》していきます。ここのところは肝に銘じておかなければいけません。

「志」の基本は、自分は絶対に立派な人物になって世の中の役に立つ人間になるぞといった心構えが大切だということを忘れないようにしてください。

◎勉学——学問に励め

「学」とは習って真似《まね》をするという意味です。優れた立派な人物の善い行い、善い仕事などを見習い実行することをいいます。

中江藤樹、吉田松陰《よしだしょういん》、福沢諭吉《ふくざわゆきち》、勝海舟《かつかいしゅう》などの偉人伝を読み、彼らが志を遂げるためにどれほど勉学に励み、邁進《まいしん》したかを知ったならば、すぐにその人たちの立派な行いを手本にして自分も決して彼らに負けてはならないと努力することが、「学」を志すものとして第一に心掛けなければいけないことです。

学問の目的は知識を蓄え視野を広め、そして自分を育ててくれた両親や国の恩に報いる心を育てることです。そのためには「文武両道《ぶんぶりょうどう》」すなわち文と武この二つの道を共に修業することです。

とかく学者というと枝葉末節《しようまっせつ》のつまらない細部にばかりこだわり本筋を見極めることが出来なくなる人がいますが、そもそも学問の最大の目的は「徳を積み人の役に立つ人物になろうとする心を育てること」です。

もし社会に出て役人になったならば、自分の責任を十分に果たし、公平を旨とし、金品を受け取ったりえこひいきしたりせず、すべての事柄に対して公明正大《こうめいせいだい》でなければいけません。仲間から畏敬《いけい》の念を抱かれ、ゆくゆくは周りの全ての者が自然と感化されて公平さと徳を備えるように、常に心掛けて勉めるべきです。

もし不幸にして国家存亡の危機に遭遇したならば、銘々《めいめい》が自分の職務を立派に果たして外敵《がいてき》を防ぎ、国家平和のために尽くさなければいけません。この不屈《ふくつ》の精神を養うために「武道」を学んでいるのです。これらを落ち度なく遂行するために一生懸命に学問に精を出し、本を読んで自分の知識を深め、自分の心を磨くことが大切です。


しかし、年若い間はどうしても一つのことに打ち込み続けることを嫌います。熱心に読書を始めたかと思うと二、三日でやめたり、文章の練習に精を出したかと思うと、急に武芸を始めたりと、一事が万事何をやるにしても根気がなく、移り気で同じことを長く続けることができません。このことは「学問」をする上で非常によくないことです。

「勉」という文字には、「自分の力を出し惜しみせず全力で立ち向かい、目的を達するまでどこまでもやり続ける」という意味があります。何をやるにしても根気よくコツコツと、たとえ長時間かかったとしてもやり抜く強い意志と努力を続けなければ目標達成は出来ません。

とくに学問というものは物事の道理を説き人としての道を明らかにするためのものですから、前に述べたような軽い気持ちではいつまでたっても人間として行わなければならない正しい道など分かるはずがありませんし、実際に世の中の役に立つ学問など身につくはずがありません。

また世の中には愚かな俗物《ぞくぶつ》が多く、そのような者が少しばかり学問をすると、慢心が起き驕《おご》り高ぶり、浮ついた心になったりします。実力もないのに名を世間に売り込んだり、お金に心を奪われたり、自分の才能や賢《かしこ》さを他人に自慢したいというふうな病気が時々出てくるものです。

このことは、常に慎《つつし》みを持って自分の心に戒《いまし》めておかなければならない事柄です。

ここを修正するには良き友を持ち、指摘注意してもらうのが極めて効果があるので、何と言っても交わるべき友を選び、自分の欠点を補い、徳や人としての道を教えてもらい自分の行動を補うように心掛ける必要があります。

◎択交友——友を選べ

「交友」とはふだん付き合っている友人のことです。「択《えら》ぶ」とはたくさんの人の中から良き友を選び出すということです。学校、クラブ活動、近所などに自分と付き合ってくれる人がいたならば出来る限り大切にすべきです。しかしそのような友の中にも「損友《そんゆう》」と「益友《えきゆう》」とがあり、それを見分ける見識が必要です。

もし友人の中に「損友」がいたならば悪い点を指摘し正しい方向に導いてやることが大切です。「益友」に対しては自分の方から交際を申し出て、どのようなことでも相談し、常に兄弟のように付き合うようにすべきです。世の中で「益友」ほど稀少《きしょう》で得難いものはありません。ですから自分に一人でも益友がいたならば、何をおいても大切にしなければいけません。

『論語』に、「益友」「損友」のことが次のように書かれています。

子曰《しいわ》く、益者三友《えきしゃさんゆう》、損者三友《そんしゃさんゆう》。
直《なお》きを友《とも》とし、諒《りょう》を友《とも》とし、多聞《たぶん》を友とするは、益《えき》なり。
便辟《べんぺき》を友とし、善柔《ぜんじゅう》を友とし、便佞《べんねい》を友とするは、損《そん》なり。

＊直き友……剛直な人物　正直で素直な友。
＊諒の友（誠と同じ）……誠実な友。
＊多聞の友……博識な友、見聞の広い人、博学で教養も情報も豊かな「物知り」。
＊益なり……ためになる。
＊便辟の友……むずかしいこと、いやなことを避け、こびへつらう友。
＊善柔の友……人あたりが良いだけの友、何も反対をしない。
＊便佞の友……口先だけ達者な友、このような人を『論語』の別のところで「巧言令色《こうげんれいしょく》」と呼んでいます。
＊損なり……ためにならない。

（訳）

正直で裏表のない人を友に持てば、自分の過ちも端的《たんてき》に指摘してくれるので、方向性を見誤ることがない。誠実で真心のある人を友に持てば、自分の心も洗われ誠実な人間になる。勉強家で教養豊かな人を友に持てば、自分の教養も高まり知識豊かな人間となる。正直な人、誠心を持った人、よく勉強し博学《はくがく》な人を友達にするのは、有益だ。この三つが良き友（益友）としての条件だ。

めんどうくさいことや嫌なことを避け、要領の良い奴《やつ》。物腰が柔らかく、お世辞がうまく、だけど誠実さに欠ける奴。口が達者で、顔色をうかがい人の気に入るように立ち回るが、心がねじ曲がっている奴。要領の良い奴、口先だけの者、心のねじ曲がった者。このような者を友とするのは害を及ぼす。この三つが悪友（損友）の条件だ。

「水は方円《ほうえん》の器《うつわ》に随《したが》い、人は善悪の友による」という諺《ことわざ》がありますが、これも人間は交わる友によって変わるので、友を選ぶのならば益友を選び、損友は遠ざけなければいけないことを説いています。

善友はお互い助け合い励まし合い、自分を磨くことができるが、悪友は群がり、堕落します。

「朱《しゅ》に交われば赤くなる」人は交わる友によって善くも、悪くもなります。

飲み食いや、つまらない楽しみを求めての付き合いや、行楽《こうらく》や釣りなど趣味の付き合いなどでいくら親しくなり肩を組んで、盃《さかずき》を交わしお互いに親友親友と呼び合っても、学問や精神面でお互いに切磋琢磨《せっさたくま》し心から信頼できる相手でなければ、いざとなったときに保身をはかり、何の役にも立たないことが多い。このような友とはなるべく交際を避けるべきです。

やむを得ずこのような友人と交際しなければいけない時には誘惑に負けず、親しくなりすぎて道義心を忘れ、自分の進んでいく道を汚《けが》されないように注意しなければいけません。その上で、何とか相手を正しい方向に導き、武道や学問に興味を持つようにし向けるのが、友人としての道です。

すぐに親しくなれる「損友」と違って「益友」というのはとても気をつかうもので、付き合っていく上で時々意にそぐわず、面白くないことも多々あります。そこのところをよく理解していなければ誤解を招き、気まずくなります。

益友のよいところは自分が気づかないところを指摘し補ってくれるところです。「争友《そうゆう》あれば、無道の人物でも名声を失うことがない」と『孝経《こうきょう》』という昔の書物に書かれています。争友とは自分の間違っているところ、足りないところを素直に指摘してくれる益友「直《なお》き友」のことです。自分の過《あやま》ちを指摘し、いさめ正してくれるからこそ、なかなか気付けない自分の過ちや足りない部分を補うことが出来るのです。

「直き友」から率直な忠告を受けることを毛嫌いし、遠ざけるようでは、その人は将来思わぬ災難を招き、身を滅ぼす結果になりかねません。

「益友」を見いだすには、「その人が厳格で意志が強く正義感を持っているか。

気持ちが優しく人情味があり誠実な人物であるか。いかなる困難にも立ち向かっていく勇気があるか。才気あふれ聡明《そうめい》であるか。心が広く小さな事柄にはこだわらない肝《きも》の据《す》わっている人物か」。この五つを目安にすれば間違いありません。このような人物は交際する上でとても気をつかい時には息苦しく、世間一般、普通の人からは煙たがられ嫌われがちです。

これとは反対に「損友」は一見人あたりが良く、良い人のように見えます。しかし権力者には御世辞《おせじ》を言って気に入られようと心卑《いや》しく媚《こ》びへつらい信用に値《あたい》しません。また、小才《しょうさい》があり小利口《こりこう》ですが落ち着きが無く浮ついており、くだらないことをよくしゃべり、軽はずみでいい加減な性格の持ち主です。

このような人物は、調子よく人と話を合わせるのが上手なのですぐに打ち解け友達となれます。ふだん何も考えず呑気《のんき》に生活しているつまらない人の間では、このような人物のことを才能があるとか人柄がよいとか褒めたりしますが、君子、聖人、賢人になろうと「志」を立てたならば、友を選ぶ時にこのような世間一般の評価に惑わされることなく、厳しい目を持って人物を見極めるべきです。

「去稚心（甘え心をなくせ）」

「振気（常に気を振い立たせよ）」

「立志（志を立てよ）」

「勉学（学問に励め）」

「択交友（友を選べ）」

以上の五項目は、少年が学問を志す時の出発点における心得、心構えを書いたものです。

以上

二

橋本左内「啓発録」

／原文・口語訳

啓発録叙

十許年前《じゆうきよねんぜん》、余《よ》、橋伯綱《はしはくこう》（橋本左内《はしもとさない》）と東篁田翁《とうこうでんおう》（吉田東篁《よしだとうこう》）に従《したが》ひて遊《あそ》ぶ。翁《おう》の門下《もんか》、雄辯倜儻《ゆうべんてきとう》の士《し》多《おほ》く相聚《あひあつ》まり、掌《て》を抵《う》ちて与《とも》に当世《とうせい》の事《こと》を譚《だん》ず。座中或《ちゆうある》ひは感憤激昂《かんぶんげきこう》し、袂《たもと》を投《とう》じ起《た》ちて舞《ま》ふ者《もの》あり、蓋《けだ》し学問《がくもん》・事業《じぎよう》、その効《こう》を殊《こと》にし、世務《せいむ》に適《てき》せざるを慨《がい》するなり。伯綱時《はくこうとき》に年才《としわづ》かに十五六《じゆうごろく》、丰骨《ぼうこつ》珊々《さんさん》、癯然《くぜん》たる一書生《いちしよせい》なり。首《くび》を俯《ふ》し膝《ひざ》を斂《をさ》め、含蓄《がんちく》して敢《あへ》て一言《いちげん》をも発《はつ》せず。余《よ》、窃《ひそか》にこれを怪《あや》しむ。

その後《のち》、伯綱《はくこう》、西《にし》のかた京摂《けいせつ》に游《あそ》び、力学《りよくがく》すること数年《すうねん》、故《ゆゑ》ありて帰《かへ》る。余《よ》、乃《すなは》ち伯綱《はくこう》を訪《と》ひ、その学《まな》ぶ所《ところ》を叩《たた》くに、精碻沈実《せいかくちんじつ》、その文《ぶん》と言《げん》とを出《いだ》せば、鑿々乎《さくさくこ》として皆来《みなきた》る処《ところ》あり。余《よ》、既《すで》にその長進《ちようしん》せるに驚《おどろ》き、而《しかう》して自《みづか》ら顧《かへり》みれば依然《いぜん》たる故《もと》の吾《われ》なり。又《また》、曩時相譚《のうじあひだん》ずる者《もの》を回視《かいし》すれば、往々余《おうおうよ》の如《ごと》く、或《ある》ひは作《な》し或《ある》ひは輟《や》め、甚《はなはだ》しき者《もの》は、前日《ぜんじつ》の意気《いき》を求《もと》むるも、雲消烟《うんしようえん》滅《めつ》、寂《せき》として隻影《せきえい》なし。是《ここ》に於《おい》て、余《よ》、始《はじ》めて意気《いき》の恃《たの》むべからざるを悟《さと》り、而《しかう》して伯綱《はくこう》の本《もと》ありて然《しか》るを疑《うたが》ひしなり。

　居《を》ること三年《さんねん》、伯綱又江都《はくこうまたこうと》に遊《あそ》び、音問疎濶《いんもんそかつ》、第《ただ》その学殖《がくしよく》の弥〻進《いよいよすす》むを聞《き》くのみ。その後《のち》、余《よ》も亦都《またと》に遊《あそ》び、初《はじ》めて伯綱《はくこう》の僑寓《きようぐう》に候《こう》す。伯綱兀然《はくこうごつぜん》として学窓《がくそう》の下《もと》に在《あ》り、矻々勉励《こつこつべんれい》す。余《よ》の来《きた》るを見《み》、喜《よろこ》びてその得《う》る所《ところ》のものを語《かた》る。その学丕《がくおほ》いに変《へん》じて観《かん》を改《あらた》め、一《いつ》に実用《じつよう》を主《しゆ》とし、而《しかう》して経物済世《けいぶつさいせい》の才《さい》、縦横《じゆうおう》に馳騁《ちてい》し、その志将《こころざしまさ》に諸《これ》を事業《じぎよう》に措《を》かんとす。名下《めいか》の士《し》、争《あらそ》ひてこれを誉《ほ》む。夫《そ》れ伯綱《はくこう》は見《み》る毎《ごと》にしばしば変《へん》じ、変《へん》ずる毎《ごと》にいよいよその有用《ゆうよう》の学《がく》に渉《わた》るを見《み》る。然《しか》りと雖《いへ》ども、余《よ》その何《なに》を以《もつ》て然《しか》るかを知《し》る能《あた》はざりき。既《すで》にして余《よ》が轅已《えんすで》に北《きた》し、而《しかう》して伯綱都《はくこうと》に留《とど》まること又一年《またいちねん》。則《すなは》ちその学《まな》ぶ所《ところ》のもの、海水《かいすい》の湧《わ》きて春潮《しゆんちよう》の進《すす》むが如《ごと》く、その造《いた》る所殆《ところほとん》ど涯《かぎ》るべからず。今《いま》、擢《ぬき》んでられて学監《がくかん》に列《れつ》し、黌政《こうせい》を釐督《りとく》す。

　属者伯綱《このごろはくこう》その少時著《しようじあらは》す所《ところ》の『啓発録《けいはつろく》』を出《いだ》して、叙引《じよいん》を徴《ちよう》せらる。受《う》けてこれを読《よ》めば、一語半句《いちごはんく》も忠孝節義《ちゆうこうせつぎ》の言《げん》に非《あら》ざる莫《な》し。而《しかう》して感憤激励《かんぶんげきれい》の気《き》、勃々《ぼつぼつ》としてその間《かん》に流溢《りゆういつ》し、人《ひと》をして悚然《しようぜん》として興起《こうき》せしむ。因《よ》りて冊尾《さつび》の枝幹《しかん》を睹《み》、指《ゆび》を僂《る》してこれを計《はか》れば、則《すなは》ち今《いま》を距《へだ》つること已《すで》に十餘年《じゆうよねん》なり。蓋《けだ》し嚮《さき》に田門《でんもん》に在《あ》りて、各〻劇論《おのおのげきろん》を逞《たくま》しうせるの時《とき》なり。夫《そ》れ学問《がくもん》の本《もと》は忠《ちゆう》孝《こう》に在《あ》り。伯綱既《はくこうすで》にその本《もと》あり。宜《むべ》なるかな、その学《がく》の進《すす》むや徒然《とぜん》ならざりしこと。是《ここ》に于《おい》て余《よ》の疑怪始《ぎかいはじ》めて釈《と》けたり。嗚乎《ああ》、余儕《よせい》は徒《いたづら》に感憤《かんぷん》を一時《いちじ》に快《こころよ》くす。伯綱《はくこう》はこれを内《うち》に蓄《たくは》へて、言貌《げんぼう》に見《あら》はさず、歳《とし》を積《つ》み月《つき》を累《かさ》ねて、然《しか》る後《のち》、大《おほ》いにこれを学殖《がくしょく》に発《はっ》す。而《しか》して今又学監《いままたがくかん》と為《な》り、諸《これ》を事業《じぎょう》に施《ほどこ》す。則《すなは》ち所謂学問《いはゆるがくもん》・事業《じぎょう》その効《こう》を殊《こと》にせざるもの、伯綱黙《はくこうもく》してこれを成《な》す。諸《これ》を余儕《よせい》の一時《いちじ》に快論《かいろん》する者《もの》に較《くら》ぶれば、孰《いづれ》か得《とく》、孰《いづれ》か失《しつ》、言《げん》を待《ま》たざるものあり。今《いま》、此《こ》の録《ろく》を観《み》、赧然《たんぜん》たることこれを久《ひさ》しうす。因《よ》りて愧心《きしん》を書《しょ》して以《もっ》て叙《じょ》と為《な》す。

丁《てい》巳《し》閏《うるふ》五《ご》十《じゅう》二《に》

矢嶋《やじま》　皞撰《あきらせん》す

【口語訳】

啓発録の叙文

十年ほど前だった。僕は親友の左内君と一緒に吉田東篁《とうこう》先生という昔の中国の考え方を福井で研究しておられる先生のところで頑張って勉強していました。この吉田先生の弟子たちは、それはもう話が上手で優れた能力のあふれた学生がたくさん集まっていて、よく世の中の出来事を討論したものでした。仲間の中には話の内容に気分を大変高ぶらせて立ち上がって踊り出す者もいたほどでした。なぜそんな事をしたかというと、今学んでいる学問の内容と世の中で今必要な仕事とがあまりにも関係なくて、自分たちの学んでいる事が世の中で役に立たない事を残念がっていたからなのです。

左内君はその頃まだ十五、六歳（満十四、五歳）の少年で、格好いい、ほっそりした学生でした。左内君は仲間が大激論している時にも常にうつむいてきちんと座り、自分の知っている事を表に出さずに皆の話を黙って聞いていました。僕はそんな左内君が何を考えているのか怪しく思っていたものです。

その後左内君は、京都や大阪へ勉強に行って、数年間一生懸命に勉強していましたが、家の事情で福井へ帰ってきました。僕はすぐに帰宅した左内君を訪ねて、京都や大阪で勉強した事を確かめてみましたところ、それは落ち着いた考えで、深いものがあり、大変詳しく、また正確な学問を身につけていました。だから文章を書いても話し合ってもすじ道が明らかにされていて先生から学んだことを正しく伝えていて、一つとして自分勝手に思いついた考えなど無かったのです。僕は左内君の学問が数年の間に大変進歩した事に驚きました。そして僕自身の事を考えると、同じ数年の間にほとんど何も進歩していない事に気づいたのです。

また、東篁先生の塾で、元気よく話し合っていた仲間たちを見ても、たいてい僕のように進歩が無く、ひどい者は、あの頃の盛んな意気込みは雲か煙のように消えてしまって学生の頃の面影は全くなくなったようになっていました。これを見て僕は、ちょっとした意気込みややる気という者が当てにはならないことを初めて知り、また左内君のような行動には何か考え方の基になるものがあるに違いないと考えました。左内君はそれから福井に三年ほどいて、また江戸へ勉強に行きました。僕とは連絡が取れない事が多かったのですが、人の噂《うわさ》では左内君の学力がもっともっと深められていることを聞くだけでした。

その後僕も江戸に勉強に行くことになり、初めて左内君が下宿している福井藩の宿舎を訪れる事が出来ました。その時左内君は、窓の下の机の前にじっと座り、一生懸命勉強をしていましたが、僕が訪ねてきたことを喜んで迎えてくれ、さっそく江戸で勉強したことを話して聞かせてくれました。

左内君の学問は、大変進んでいて、また新しくなっており、学問が実際役立たねばならないことを第一とし、世の中を平和にし、人々を助ける考え方は実際に思うがままに可能なほどで、自分の学問を現実の政治や経済の上でも生かしたいという思いを持っていましたから、江戸の有名な先生方は、そうした左内君の優れた考え方を口々に誉《ほ》めていました。

このように左内君は会うたびに新しい学問を身につけて前へ前へと進むごとにその学問は実際に使える事を大切にしたものとして広がっていきました。しかし、その時僕は何が左内君をそうさせているのかまだ分かりませんでした。

そして間もなく僕は福井へ帰ることになりました。左内君は更に一年間江戸で勉強を続けました。左内君の学問は、まるで春の海水が湧き上がってどこまでもひたひたと押し寄せてくるように、どこまで進んでいくのか想像も出来ないように思いました。

そして今度、左内君は福井藩より選ばれて、藩の明道館（学校）の幹事という仕事に抜擢《ばってき》され学校の運営をほとんど任されました。

最近、左内君は少年時代に書いた『啓発録』という本を僕に見せてくれました。そしてその序文を僕に書いて欲しいと頼んできました。啓発録を読んでみると、全文に上の者に対して忠義を尽くし、正しい道を行う考え方で一貫されていました。しかも、激しく何者にも負けずに立ち向かっていく強い精神力が文章の中にみなぎっているので、読む者のやる気を奮い起こす内容となっています。

そして、最後に書かれた彼の年齢を見ると、これは彼が今から十年前、まさに東篁先生の塾で一緒に勉強して激論していた頃に書かれたものだったのです。学問の根本は忠義を尽くし、正しいことを進める事にあります。左内君はその一番大切なところを十年あまり前からしっかりと分かっていたのですから、彼の学問が驚くほどに早く進歩したのは何の不思議もないことなのです。

啓発録を読んで、左内君に対する疑問が初めて解けました。あの頃僕らはやる気の盛り上がりを、激論をぶつけることで発散して一時的に快くなっていたが、左内君はそのようなやる気をその場では口に出さず、長い間じっくりと内に秘め、しかる後一気に学問や仕事に発揮し、爆発させていたのです。

今や左内君は、藩の学校の中心的指導者に選ばれ、蓄えた学問を実際に人々の為に使う機会に恵まれました。左内君は静かな人柄の中に学問と仕事を見事に一つにしました。

これを、僕らのように大声で激論したあと、やる気の盛り上がりを無くしてしまった者と比べると、どちらが優れているかは言うまでもありません。

今の僕は、この左内君の『啓発録』を読んで、恥ずかしさにしばらく顔を赤くしています。その恥ずかしい心を僕は正直にここに書いて、この本の始めを飾る文章としました。

この文章は、安政四年（一八五七年）閏《うるう》年の五月十二日に書きました。書いたのは、矢嶋皞という者です。

橋本左内

◎去稚心

稚心《ちしん》とは、をさな心と云事《いふこと》にて、俗《ぞく》にいふわらべしきこと也《なり》、菓菜《かさい》の類《るい》のいまだ熟《じゆく》せざるをも稚《ち》といふ、稚《ち》とはすべて水《みづ》くさき処《ところ》ありて物《もの》の熟《じゆく》して旨《うま》き味《あぢ》のなきを申也《まうすなり》、何《なに》にもよらず稚《ち》といふことを離《はな》れぬ間《あひだ》は、物《もの》の成《な》り揚《あが》る事《こと》なきなり。

人《ひと》に在《あり》ては竹馬紙鳶《たけうまたこ》打毬《だきゆう》の遊《あそ》びを好《この》み、或《あるひ》は石《いし》を投《な》げ虫《むし》を捕《とら》ふを楽《たのし》み、或《あるひ》は糖菓蔬菜《とうかそさい》甘旨《かんし》の食物《しよくもつ》を貪《むさぼ》り、怠惰安佚《たいだあんいつ》に耽《ふけ》り、父母《ふぼ》の目《め》を窃《ぬす》み、芸業職務《げいぎようしよくむ》を懈《おこた》り、或《あるひ》は父母《ふぼ》によりかゝる心《こころ》を起《おこ》し、或《あるひ》は父兄《ふけい》の厳《げん》を憚《はばか》りて、兎角《とかく》母《はは》の膝下《しつか》に近《ちか》づき隠《かく》るゝ事《こと》を欲《ほつ》する類《たぐ》ひ、皆幼童《みなようどう》の水《みづ》くさき心《こころ》より起《おこ》ることにして、幼童《ようどう》の間《あひだ》は強《しひ》て責《せむ》るに足《た》らねども、十三四《じゆうさんし》にも成《な》り、学問《がくもん》に志《こころざ》し候《さうらふ》上《へ》にて、此心《このこころ》毛《け》ほどにても残《のこ》り有之時《これあるとき》は、何事《なにごと》も上達致《じようたついた》さず、迚《とて》も天下《てんか》の大豪傑《だいごうけつ》と成《な》る事《こと》は叶《かな》はぬ物《もの》にて候《さうらふ》。

源平《げんぺい》のころ、並《ならび》に元亀《げんき》天正《てんしょう》の間《あひだ》までは、随分《ずいぶん》十二《じゅうに》三歳《さんさい》にて母《はは》に訣《わか》れ父《ちち》に暇《いとま》乞《ごひ》して、初陣《うひじん》など致《いた》し、手柄功名《てがらこうみよう》を顕《あらは》し候《さうらふ》人物《じんぶつ》も有之候《これありさうらふ》、此等《これら》はみな稚心《ちしん》なき故《ゆえ》なり、もし稚心《ちしん》あらば親《おや》の臂《ひぢ》の下《した》より一寸《ちょっと》も離《はな》れ候事《さうらふこと》は相成申間敷《あひなりまうすまじく》、まして手柄功名《てがらこうみよう》の立《た》つべきよしはこれなき義《ぎ》なり、且又《かつまた》稚心《ちしん》の害《がい》ある訳《わけ》は、稚心《ちしん》を除《のぞ》かぬ時《とき》は、士気《しき》振《ふる》はぬものにて、いつまでも腰抜士《こしぬけざむらひ》になり候《さうらふ》ものにて候《さうらふ》、故《ゆゑ》に余《よ》稚心《ちしん》を去《さ》るを以《もつ》て士《さむらひ》の道《みち》に入《い》る始《はじめ》と存候《ぞんじさうらふ》なり。

【口語訳】

◎稚心を去る

稚心《ちしん》とはいわゆる幼心のことで、俗に子供っぽいということである。何も人間のみに使用されるものでなく、例えば果実、野菜などでもまだ十分に熟しない間を「稚」と称する。それはすべて水くさく、成熟した本来の味をそなえない間を言う。何物によらず、この稚を離れないうちは発展するものではない。

人間ももちろんこれの例外ではなく、竹馬、紙鳶《しせん》（凧《たこ》）、打毬《だきゅう》の遊びなどを好み、石を投げたり虫を捕えたりする事に夢中となり、あるいは何の種類に関せず口当たりの甘いものを貪《むさぼ》り、勤勉する気なく父母の目を盗んで自己の修業を怠り、または父母への依頼心が強く、厳格な父兄を恐れて、穏和な母の膝下《しっか》から離れない類は、皆少年の水くさい心が原因となっている。これもあまりに年齢が幼ければやむを得ないと許されもしよう。しかし十三、四歳にもなり、学問に志した後にもこの心が僅かでも残っているならば、何事も上達せず、とても天下の大豪傑などになれるはずはないのである。

源平が東西に分かれて覇《は》を争ったとき、また近くは元亀、天正の頃までは、十二、三歳で父母から離別して初陣《ういじん》し、多大の功名《こうみょう》を顕《あら》わして天下に名を挙げた人物も少なくはない。この人々は、既にその頃には全く稚心を去っていたからであった。もし稚心が残っていれば、親の下から一寸も離れられないので、到底戦場の功名などは思いもよらない。更に稚心の害を挙げると、これを除かなければ絶対に士気が振るわないので、永久に腰抜け武士として人々から軽蔑《けいべつ》されなければならない。ゆえに自分は武士道第一歩の心得として、稚心を去ることを主張する。

◎振　気

気《き》とは、人《ひと》に負《まけ》ぬ心立《こころだて》ありて、恥辱《ちじよく》のことを無念《むねん》に思《おも》ふ処《ところ》より起《おこ》る意気張《いきばり》の事也《ことなり》、振《ふるふ》とは、折角自分《せつかくじぶん》と心《こころ》をとゞめて、振立振起《ふるひたてふるひおこ》し、心《こころ》のなまり油断《ゆだん》せぬ様《やう》に致《いた》す義《ぎ》なり、此気《このき》は生《せい》ある者《もの》にはみなある者《もの》にて、禽獣《きんじゆう》にさへこれありて、禽獣《きんじゆう》にても甚《はなはだ》しく気《き》の立《たち》たる時《とき》は、人《ひと》を害《がい》し人《ひと》を苦《くる》しむることあり、まして人《ひと》に於《おい》てをや。

人《ひと》の中《なか》にても士《さむらひ》は一番此気《いちばんこのき》強《つよ》く有之故《これあるゆえ》、世俗《せぞく》にこれを士気《しき》と唱《とな》へ、いかほど年若《としわか》な者《もの》にても、両刀《りようとう》を帯《たい》したる者《もの》に、不礼《ぶれい》を不致《いたさざる》は、此士気《このしき》に畏《おそ》れ候事《さうらふこと》にて、其人《そのひと》の武芸《ぶげい》や力量《りきりよう》や位職《いしよく》のみに畏《おそ》れ候《さうらふ》にてはこれなし、然《しか》る処太平久《ところたいへいひさ》敷打続《しくうちつづき》、士風柔弱佞媚《しふうにゆうじやくねいび》に陥《おちい》り、武門《ぶもん》に生《うま》れながら武道《ぶどう》を亡却致《ぼうきやくいた》し、位《くらゐ》を望《のぞ》み、女色《じよしよく》を好《この》み、利《り》に走《はし》り、勢《いきほひ》に附《つ》く事《こと》のみにふけり候処《さうらふところ》より、右《みぎ》の人《ひと》に負《ま》けぬ、恥辱《ちじよく》のことは堪《た》へずと申《まう》す、雄々《をを》しさ丈夫《じようふ》の心《こころ》、くだけなまりて、腰《こし》にこそ両刀《りようとう》を帯《たい》すれ、太物包《ふとものづつみ》をかづきたる商人《しようにん》、樽《たる》を荷《にな》ひたる樽《たる》ひろひよりもおとりて、纔《わづか》に雷《かみなり》の声《こゑ》を聞《き》き、犬《いぬ》の吠《ほ》ゆるを聞《きき》ても、郤歩《きやくほ》する事《こと》とは成《なり》にけり、偖々可嘆之至《さてさてなげくべきのいたり》にこそ。

しかるに今《いま》の世《よ》にも猶未《なほいま》だ士《さむらひ》を貴《たつと》び、町人百姓抔《ちようにんひやくしようなど》御士様《おさむらひさま》と申唱《まうしとなふ》るは、全《まつた》く士《さむらひ》の士《さむらひ》たる処《ところ》を貴《たつと》び候《さうらふ》にて無之《これなく》、我君《わがきみ》の御威光《ごいこう》に畏服致《いふくいた》し居候故《をりさうらふゆえ》、無拠貌《よんどころなくかたち》のみを敬《うやま》ひ候《さうらふ》ことなり、其証拠《そのしようこ》は、むかしの士《さむらひ》は、平常《へいじよう》は鋤鍬持《すきくはもち》、土《つち》くじり致《いた》し居候共《おりさうらへども》、不断《ふだん》に恥辱《ちじよく》を知《し》り、人《ひと》の下《した》に屈《くつ》せず、心逞《こころたくま》しき者《もの》ゆへ、まさか事有《ことあ》るときは、吾大御帝或《わがおおみかどある》ひは将軍家抔《しようぐんけなど》より、募《つの》り召寄《めしよ》せられ候《さうら》へば、忽《たちま》ち鋤鍬打擲《すきくはうちなげ》て、物具《もののぐ》を帯《たい》して、千百人《せんひやくにん》の長《ちよう》となり、虎《とら》の如《ごと》く狼《おほかみ》の如《ごと》き軍兵《ぐんびよう》ばらを指揮《しき》して、臂《ひぢ》の指《ゆび》を使《つか》ふごとく致《いた》し、事成《ことな》れば芳名《ほうめい》を青史《せいし》に垂《た》れ、事敗《ことやぶ》るれば、屍《しかばね》を原野《げんや》に暴《さら》し、富貴利達《ふうきりたつ》、死生患難《しせいかんなん》を以《もつ》て其心《そのこころ》をかへ申《まう》さぬ、大《だい》勇猛大剛強《ゆうもうだいごうきよう》の処有之《ところこれある》ゆゑ、人々其心《ひとびとそのこころ》に感《かん》じ、其義勇《そのぎゆう》に畏候《おそれさうら》へども。

今《いま》の士《さむらひ》は勇《ゆう》はなし、義《ぎ》は薄《うす》し、謀略《ぼうりやく》は足《た》らず、迚《とて》も千兵万馬《せんべいばんば》の中《なか》に切《き》り入《い》り、縦横無碍《じゆうおうむげ》に駆廻《かけまは》る事《こと》はかなふまじ、況《いはん》や帷幄《いあく》の内《うち》に在《あり》て、運籌決勝之大《はかりごとをめぐらしかちをけつするのたい》勲《くん》は望《のぞ》むべき所《ところ》にあらず、さすれば若《も》し腰《こし》の両刀《りようとう》を奪《うば》ひ取候《とりさうら》へば、其心立其《そのこころだてその》分別尽《ふんべつことごと》く町人百姓《ちようにんひやくしよう》の上《うへ》には出申《いでまうす》まじ、百姓《ひやくしよう》は平生骨折《へいぜいほねおり》を致《いた》し居《をり》、町人《ちようにん》は常《つね》に職業渡世《しよくぎようとせ》に心《こころ》を用《もち》ひ居候《をりさうらふ》ゆへ、今若《いまも》し天下《てんか》に事《こと》あらば、手柄功名《てがらこうみよう》は却《かへつ》て町人《ちようにん》百姓《ひやくしよう》より出《い》で、福島左衛門大夫《ふくしまさえもんたいふ》、片桐助作《かたぎりすけさく》、井伊直政《いいなほまさ》、本多忠勝《ほんだただかつ》等《ら》がごとき者《もの》は、士《さむらひ》よりは出申《いでまう》さゞ《ざ》るべきかと思《おも》はれ、誠《まこと》に嘆《なげ》かはしく存《ぞん》ずる。

箇様《かやう》に覚《おぼえ》のなきものに、高禄重位《こうろくじゆうい》を被下《くだされ》、平生安楽《へいぜいあんらく》に被成置候《なしおかれさうらふ》は、偖々君《さてさてくん》恩《おん》のほど申《まう》す限《かぎ》りなきこと、辞《ことば》には尽《つく》しがたし、其御高恩《そのごこうおん》を蒙《かうむ》りながら、不《ふ》覚《かく》の士《さむらひ》のみにて、まさかのときに、我君《わがきみ》の恥辱《ちじよく》をさせまし候《さうらふ》ては、返《かへ》す返《がへ》す恐入候次第《おそれいりさうらふしだい》にて、実《じつ》に寝《ね》ても目《め》も合《あ》はず、喰《くらう》ても食《しよく》の咽《のど》に通《とほ》るべき筈《はず》にあらず。

ことさら我先祖《わがせんぞ》は国家《こつか》へ奉対《たいしたてまつり》、聊《いささか》の功《こう》も可有之候得《これあるべくさうらへ》ども、其後《そのあと》の代々《だいだい》に至《いた》りては、皆々手柄《みなみなてがら》なしに恩禄《おんろく》に浴《よく》し居候《をりさうらふ》義《ぎ》に候《さうら》へば、吾々共聊《われわれどもいささか》にても学問《がくもん》の筋心《すぢこころ》掛《が》け、忠義《ちゆうぎ》の片端《かたはし》も小耳《こみみ》に挟《はさ》み候上《さうらふうへ》は、何《なに》とぞ一生《いつしよう》の中《なか》に粉骨砕身《ふんこつさいしん》して、露滴《ろてき》ほどにても御恩《ごおん》に報《むく》ひ度事《たきこと》にて候《さうらふ》、此忠義《このちゆうぎ》の心《こころ》を撓《たわ》まさず引立《ひきたて》、後《あと》還《がへ》り致《いた》さぬ様《やう》に致候《いたしさうらふ》は、全《まつた》く右《みぎ》の士気《しき》を引立振起《ひきたてふるひおこ》し、人《ひと》の下《した》に安《やすん》ぜぬと申《まう》す事《こと》を忘《わす》れぬこと、肝要《かんよう》に候《さうらふ》。乍去只此気《さりながらただこのき》の振立候而已《ふるひたちさうらふのみ》にて、志立《こころざしたた》ぬ時《とき》は、折節氷《をりふしこほり》の解《と》け酔《よひ》のさむる如《ごと》く、後還《あとがへ》り致《いた》す事有之者《ことこれあるもの》に候《さうらふ》、故《ゆえ》に気《き》一旦振立候《いつたんふるひたてさうら》へば、方《まさ》に志《こころざし》を立候事《たてさうらふこと》甚大切《はなはだたいせつ》なり。

【口語訳】

◎気を振るう

気とは何事も他人に負けてはならないとする気持ちで、人の下位に在ることをこの上もなく残念に考えるところから発する。いわゆる意気込みに外ならない。「振」とは確定した目的の下に一刻も油断なく、心の緊張を失わないことである。この「気」は、生きとし生けるもの全部が所有し、禽獣《きんじゅう》ですらも相当に持っている。非常に気の立った禽獣は人を害し、苦しめる場合がある。まして人間は気の持ち方一つで、その人をいかなる地位にも達せしめることが出来る。

人間の中でも武士程気の強いものはない。ゆえに世間では普通「士気」と称している。一般の人々が、いかに若年であっても両刀を帯びた者に無礼な行動をしないのは、全くこの士気を畏《おそ》れるからで、その人の武芸、力量、地位などを考慮した結果ではない。しかるに長く泰平《たいへい》が続くに従って士風は軟弱となり、武士の家に生まれながら、第一に練習しなくてはならない武芸一般の修業を怠り、いたずらに地位を望み、女色《じょしょく》に耽《ふけ》り、利に走り、権力者につく事のみに汲々《きゅうきゅう》として、前述した「人に負けない魂、恥辱《ちじょく》を死より重大視する、雄々しい武士精神」が全然失われてしまった。現在の武士は腰に大小こそ帯びているものの、大風呂敷を担った商人、樽《たる》を売買する賤《いや》しい人々よりはるかに気力の点では劣り、聞こえるか聞こえない程の雷声にも恐れ、甚だしいのになると、犬の吠えるのを聞いても後ずさりするようにまでなってしまった。実に甚だしい変化で、しかも悪い方面に変わったものではないか。

それにもかかわらず町人、農夫などは今でも武士を貴んで御武士様と称している。これは武士の本質を認めて貴んでいるのではなく、全く殿様の御威光に畏服《いふく》しているので、やむを得ず、表面上の武士というものに頭を下げているに過ぎない。昔の武士は平時には農民と変わらず、鋤鍬《すきくわ》を手にして畠《はたけ》で働いていた。畠で労働する点は農民と少しも変わりはないが、心の持ち方において全然それとは異なり、常に恥辱の何たるかを知り、人の下位に立つことを欲せず、いかなる事情でも節を曲げて権力に盲従することはなかった。このゆえに一朝事が起こった場合には朝廷あるいは将軍家から御召しがあり次第、直ちに鋤《すき》・鍬《くわ》を打ち捨てて武具に身を堅め、千人、百人の隊長となって、虎や狼に似た勇士どもを手先として、生命のあらん限り斬って斬って斬りまくり、成功すれば歴史上に不朽の名を残し、武運つたなく一戦に敗れれば、屍《しかばね》を原野《げんや》に曝《さら》すことを少しも恐れなかった。これ程の勇猛心は富貴にも曲げず、死の前にも躊躇《ちゅうちょ》しなかったので、世間の人々がその心に感じ、義勇に畏れて心服し、武士を尊敬したのである。

今の武士をこれと比較するとあまりの相違に一驚を喫しない者はあるまい。勇気がなく、義理には薄く、智略も不足しているとすれば、千軍万馬の中に斬り入って、四辺に人のないように縦横に馬を乗り回せと言う方が無理なのでもあろう。まして身は本陣に在って遠慮大計の下に敵を鏖《みなごろし》にする程の才能は決して望めるものではない。ゆえに結局、現在の武士は町人、農夫に両刀を帯びさせたものと少しも違わず、むしろ武士から両刀を奪へば、かの町人、農夫にも劣る者がどれ程居るかわからないと言ってもよろしい。農夫は平常から労働に慣れていて、筋肉は大いに発達している。町人も汚らわしい商売であるが、利の方面に並々ならぬ苦労を積んでいるので、智力がそれに相当する者でなければ渡世は出来ない。今もし天下に事が起こったならば、種々の功名を行う者はかえって農夫、町人から出て、第二の福島左衛門大夫、片桐助作、井伊直政、本多忠勝と言った人々は、現在の武士からあるいは出ないのではないかと、心細くて仕方がない。これと言うのも今の武士があまり士気に欠けているからに外ならない。

これ程その本質に欠けている者にすら、平常から高位、高禄《こうろく》を賜わり、何の不安もなく経済的の安定を得ていられるのは、限りない君恩（殿様の御恩）の為だから、今更に我々は殿様に感謝しなければなるまい。これだけの御高恩をこうむりながらも臆病の武士のみで危険な場合に我が君に御恥辱をこうむらせるとしたら、実に何とも申し訳ない次第だと言わねばなるまい。これを考えると、心ある武士は床についても眠れず、物を食しても味を知らないのが当然である。

現在我々が今書いた通りの御恩に浴しているとすれば、我々の先祖は君に対して幾分でも功労があったものと見なければなるまい。その後代々無為徒食《むいとしょく》で居られることを思えば、僅かでも学問を心掛け、忠義の一斑《いっぱん》をも小耳に挟んでいる我々は、いかにしても一生涯の間には、露ほどの忠義を尽くし、御恩に報いる目的で一切の艱難《かんなん》を忍ばなければならない。この忠義の心を常に引き立たせて逆行しない為には、前述した士気を忘れず、人の下位に立たない気位が絶対に必要である。ただしここに注意を要するのは、いかほど士気が立っても、自己の「志」が立たない以上は、春になって結氷が解け、酒の酔いのさめるように、本人の努力にもかかわらず、士気は失われがちになるものである。ゆえに気を一度正確に持てば、次に志を立てるのが甚だ大切となる。

◎立　志

志《こころざし》とは、心《こころ》のゆく所《ところ》にして、我《わが》こころの向《むか》ひ趣《おもむ》き候処《さうらふところ》をいふ、士《さむらひ》に生《うまれ》て、忠孝《ちゆうこう》の心《こころ》なき者《もの》はなし、忠孝《ちゆうこう》の心有之候《こころこれありさうらふ》て、我君《わがきみ》は御大事《ごだいじ》にて、我親《わがおや》は大切《たいせつ》なる者《もの》と申《まう》す事《こと》、聊《いささか》にても合点《がてん》ゆき候《さうら》へば、必《かなら》ず我身《わがみ》を愛重《あいちよう》して、何《なに》とぞ我《われ》こそ弓馬文学《きゆうばぶんがく》の道《みち》に達《たつ》し、古代《こだい》の聖賢君子英雄豪傑《せいけんくんしえいゆうごうけつ》の如《ごと》く相成《あひな》り、君《きみ》の御為《おんため》を働《はたら》き、天下国家《てんかこつか》の御利益《ごりえき》にも相成候大業《あひなりさうらふだいぎよう》を起《おこ》し、親《おや》の名《な》まで揚《あげ》て、酔生《すいせい》夢死《むし》の者《もの》にはなるまじと、直《ただち》に思付候者《おもひつきさうらふもの》にて、此即志《これすなはちこころざし》の発《はつ》する所也《ところなり》、志《こころざし》を立《たつ》るときは、此心《このこころ》の向《むか》ふ所《ところ》を急度相定《きつとあひさだめ》、一度右《ひとたびみぎ》の如《ごと》く、思詰候《おもひつめさうら》へば、弥切《いよいよせつ》に其向《そのむ》きを立《た》て、常々其心持《つねづねそのこころもち》を失《うしな》はぬ様《やう》に持《もち》こたへ候事《さうらふこと》にて候《さうらふ》。

凡志《およそこころざし》と申《まうす》は、書物《しよもつ》にて大《おほい》に発明致《はつめいいた》し候《さうらふ》か、或《あるひ》は師友《しゆう》の講究《こうきゆう》に依《よ》り候《さうらふ》か、或《あるひ》は自分患難憂苦《じぶんかんなんゆうく》に迫《せま》り候《さうらふ》か、或《あるひ》は憤発激励致《ふんぱつげきれいいた》し候《さうらふ》歟《か》の処《ところ》より、立《た》ち定《さだま》り候者《さうらふもの》にて、平生安楽無事《へいぜいあんらくぶじ》に致《いた》し居《お》り、心《こころ》のたるみ居候時《おりさうらふとき》に立事《たつこと》はなし。

志《こころざし》なき者《もの》は魂《たましひ》なき虫《むし》に同《おな》じ、何時迄《いつまで》立《た》ち候《さうらひ》ても、丈《た》けののぶる事《こと》なし、志《こころざし》一度相立候《ひとたびあひたちさうら》へば、其以後《それいご》は日夜逐々成長致《にちやおひおひせいちよういた》し行《ゆ》き候者《さうらふもの》にて、萌芽《ほうが》の草《くさ》に膏壌《こうじよう》をあたへたるがごとし、古《いにしへ》より俊傑《しゆんけつ》の士《し》と申候《まうしさうらふ》んとて、目《め》四《よつ》ツ口《くち》二《ふた》ツ有之《これある》にてはなし、皆其志大《みなそのこころざしだい》なると逞《たくま》しきとにより、遂《つひ》には天下《てんか》に大名《たいめい》を揚候《あげさうらふ》なり、世上《せじよう》の人多《ひとおほ》く碌々《ろくろく》にて相果候《あひはてさうらふ》は他《た》に非《あら》ず、其志太《そのこころざしふと》く逞《たくま》しからぬ故《ゆゑ》なり。

志立《こころざしたち》たる者《もの》は、恰《あたか》も江戸立《えどだち》を定《さだ》めたる人《ひと》の如《ごと》し、今朝一度御城下《こんちようひとたびごじようか》に踏出《ふみいだ》し候《さうら》へば、今晩《こんばん》は今荘《いまじよう》、明夜《みようや》は木《き》の本《もと》と申《まう》す様《やう》に、逐々先《おひおひさき》へ先《さき》へと進《すす》み行申《ゆきまうし》候者也《さうらふものなり》、譬《たとへ》ば聖賢豪傑《せいけんごうけつ》の地位《ちい》は江戸《えど》の如《ごと》し、今日聖賢豪傑《こんにちせいけんごうけつ》に成《な》らん者《もの》をと志《こころざ》し候《さうら》はゞ、明日明後日《みようにちみようごにち》と、段々《だんだん》に其聖賢豪傑《そのせいけんごうけつ》に似合《にあは》ざる処《ところ》を取去《とりさ》り候《さうら》へば、如何程短才劣識《いかほどたんさいれつしき》にても、遂《つひ》には聖賢豪傑《せいけんごうけつ》に至《いた》らぬと申《まう》す理《ことわり》はこれなし、丁度《ちようど》足弱《あしよわ》な者《もの》でも、一度江戸《ひとたびえど》行《ゆ》き極《き》め候上《さうらふうへ》は、竟《つひ》には江戸《えど》まで到達《とうたつ》すると同《おな》じき事《こと》なり。

偖右様志《さてみぎやうこころざし》を立候《たてさうらふ》には物《もの》の筋多《すぢおほ》くなることを嫌《きら》ひ候《さうらふ》、我心《わがこころ》は一道《いちどう》に取極《とりき》め置《お》き不申候《まうさずさうら》はでは、戸《と》じまりなき家《いへ》の番《ばん》するごとく、盗《ぬすびと》や犬《いぬ》が方々《ほうぼう》より忍《しの》び入《い》り、迚《とて》も我一人《われひとり》にては、番《ばん》は出来《でき》ぬなり、まだ家《いへ》の番人《ばんにん》は随分傭人《ずいぶんやとひにん》も出来候《できさうら》得共《へども》、心《こころ》の番人《ばんにん》は傭人出来不申候《やとひにんはできまうさずさうらふ》、さすれば自分《じぶん》の心《こころ》を一筋《ひとすぢ》に致《いた》し、守《まも》りよくすべき事《こと》にこそ。

兎角少年《とかくしようねん》の中《うち》は、人々《ひとびと》のなす事《こと》致《いた》す事《こと》に、目《め》がちり、心《こころ》が迷《まよ》ひ候《さうらひ》て、人《ひと》が詩《し》を作《つく》れば詩《し》、文《ぶん》をかけば文《ぶん》、武芸《ぶげい》とても、朋友《ほうゆう》に鎗《やり》を精出《せいだ》す者《もの》あれば、我《わが》今日《こんにち》まで習《なら》ひ居《をり》たる太刀業《たちわざ》を止《やめ》て、鎗《やり》と申《まう》す様《やう》に成《な》り度《た》きものにて、これは正覚取《しようがくと》らぬ、第一《だいいち》の病根《びようこん》なり、故《ゆえ》に先《ま》づ我知識聊《わがちしきいささか》にても開候《ひらけさうら》はば、篤《とく》と我心《わがこころ》に計《はか》り、吾所向所為《わがむかふところなすところ》をさだめ、其上《そのうへ》にて師《し》につき、友《とも》に謀《はか》り、吾及《わがおよ》ばず足《た》らはぬ処《ところ》を補《おぎな》ひ、其極《そのき》め置《おき》たる処《ところ》に心《こころ》を定《さだ》めて、必多端《かならずたたん》に流《なが》れて、多岐亡羊《たきぼうよう》の失《しつ》なからんこと、願《ねが》はしく候《さうらふ》、凡《すべ》て心《こころ》の迷《まよ》ふは、心《こころ》の幾筋《いくすち》にも分《わか》れ候処《さうらふところ》より起《おこ》り候事《さうらふこと》にて、心《こころ》の紛乱致《ふんらんいた》し候《さうらふ》は、吾志未《わがこころざしいま》だ一定《いってい》せぬ故《ゆゑ》なり、志定《こころざしさだ》まらず心収《こころをさ》まらずしては、聖賢豪傑《せいけんごうけつ》には成《な》られぬものにて候《さうらふ》。

何分志《なにぶんこころざし》を立《たつ》る近道《ちかみち》は、経書《けいしよ》又《また》は歴史《れきし》の中《なか》にて、吾心《わがこころ》に大《おほい》に感徹致《かんてついた》し候処《さうらふところ》を書抜《かきぬ》き、壁《かべ》に貼《ちよう》し置《お》き候《さうらふ》か、又《また》は扇抔《あふぎなど》に認《したた》め置《お》き、日夜朝暮夫《にちやちようぼそれ》を認《したた》め詠《なが》め、吾身《わがみ》を省察《せいさつ》して、其不及《そのおよばざる》を勉《つと》め、其進《そのすすむ》を楽《たのし》み居《を》り候事《さうらふこと》、肝要《かんよう》にして、志既《こころざしすで》に立候時《たちさうらふとき》は、学《がく》を勉《つと》むる事《こと》なければ、志弥《こころざしいよいよ》ふとく逞《たくまし》くならずして、動《やや》もすれば聡明《そうめい》は前時《ぜんじ》より減《げん》じ、道徳《どうとく》は初《はじめ》の心《こころ》に慚《はづ》る様《やう》に成《な》り行《ゆ》くものにて候《さうらふ》。

【口語訳】

◎志を立てる

志とは心の赴《おもむ》く方向を意味するので、自分の心の向かって行く点について言ったものである。武士と生まれて忠孝の心がない者は一人もない。忠孝の心があり、君と親ほど大切なものはないと合点《がてん》が行ったならば、必ず自重していかにしても弓馬《きゅうば》、文学の道で名を揚げ、古来の聖賢、君子、英雄、豪傑と言われる人々の仲間入りをして、君の御為《おんため》に一命を犠牲にし、天下、国家の利益になる大業を起こして、親の名までを揚げ、この一生を無駄に費すまいと考えるのが当然で、ここに至って志は一定したと言い得る。一度志を立てた以上は、何よりもまず目的を定め、一刻も徒費せず、確実な道を歩んでそれにまで達するように努力するのがよろしい。

志はいかなる場合に立つか。大体それを次の四種に分類することが出来る。まず第一は読書によって古来の人物の経歴を知って自分もそのようになろうと思うこと。第二に師友から直接、間接に種々のことを聞いた結果発憤すること。第三には自分が何らかの理由で非常な逆境に陥った時、反射的に大勇猛心を起こすこと。そして第四にはある事物に感激したことが原因となって志を立てるもので、平常何の不足も感激もなく平々凡々に暮らして、心の緊張を失っているような時には志の立つものではない。

志のない人間は魂のない虫と同じで、いつまでたっても発展することは絶無である。しかるに一度何物にも妨害されないほどの志が立てば、それ以後は日夜生成して行くもので、ちょうど芽を出したばかりの草に栄養味の多い土を与えるのと同じとなる。古来天下に名を揚げた人物も、別に目が四個あったのでもなければ、口を二つ所有していたのでもない。皆その大志と、堅固な意志とによってついに芳名《ほうめい》を天下後世に垂《た》れたのである。大多数の世間の人々がそれと反対に、平凡な一生を終わるのは、これもやはり志が小さく、意志が弱いからだった。我々は、ここにおいて志の大小が、そのまま人間の大小を決定する最大の要素であることを知る。

また志を立てた者は、一定の目的から江戸を旅立って行く者に例えることが出来る。今朝城下を立てば今夜は越前《えちぜん》の今荘、明夜は近江《おうみ》の木の本というように、日ごとに目的に近寄ることが可能となる。更に聖賢、豪傑の地位は日本全国に対する江戸のそれだと言うことも出来よう。今日只今《ただいま》から聖賢、豪傑を志した者が、明日、明後日と順次にそれに合しない性質を少しずつ去って行けば、いか程最初は才智の欠乏した者でも、ついには聖賢、豪傑の地位にまで達し得る道理ではないか。ちょうどこれは足弱な者でも、江戸に行こうとする目的が堅ければ、いつかは到着し得るのと同様である。

次に志を立てた以上は、その目的を達しなければ意味をなさない。目的を達するには一途《いちず》にその方面のみを志して他方は一切犠牲にする必要がある。自分の心を一途に向けなければ、戸閉まりのない家にも似て、盗人《ぬすびと》や野犬などが勝手に入り込み、とても自分一人で番は出来ないものである。また家の番人には他の人々を当てることも出来ようが、心の番人を一体誰が引き受けるであろうか。結局自分の心を一筋に持ち、自身で十分に監視する以外はない。

目的に沿うて脇目もふらず一心に進むのは、特に少年には困難とされている。とかく少年の間は周囲の行うことに目が散り、心が迷いやすいもので、人が詩を作れば詩、文章を作れば自分もその方面に従いたがり、武芸とても友人に懸命となって鎗を練習する者があれば、今日まで習っていた太刀《たち》の業を中止して鎗を習い始める。これこそ決心の定まらない、少年にとって第一の病根だと言える。ゆえに自分の知識が僅かでも開けたならば、万事遺漏《いろう》なく深く考え、自分の将来の方針を決定し、その後師についたり友人に計ったりして不足点を補い、方針を動かさないようにして多岐《たき》にわたることのないだけの用意と、覚悟とを怠ってはならない。すべて心が迷うのは幾筋にも分かれている証拠で、幾筋にも分かれることは自己の目的と方針とが一致しないことに外ならない。心が一定せず、常に動揺して昔から聖賢となり、豪傑となった者は一人もないことを忘れてはならぬ。

志を立てる動機に関しては前述した四箇の種類が数え上げられるが、自らその目的を達する手段の上には近路《ちかみち》と遠廻《とおまわ》りとがある。自分がその中で最も近路だと思うのは、聖賢の書物または種々の歴史本の中で、自分が特に刺激を受けた部分を別紙に書き抜いて壁に貼《は》っておくか、または扇面などに記しておき、日夜、朝夕それを眺め、常に反省しつつ及ばない点について勉《つと》め、進歩を楽しむのがよろしい。志は立っても、学問に忠実でないと、いつの間にか立てた志も忘れがちとなり、次第に時と共に愚鈍となり、道徳も低下することがある。ゆえに次には学問に対する自分の考えを述べてみよう。

◎勉　学

学《がく》とは、ならふと申《まう》す事《こと》にて、総《すべ》てよき人《ひと》すぐれたる人《ひと》の善《よ》き行《おこな》ひ、善《よ》き事業《じぎよう》を迹付《あとづけ》して、習《なら》ひ参《まゐ》るをいふ。故《ゆゑ》に忠義孝行《ちゆうぎこうこう》の事《こと》を見《み》ては、直《ただち》に其人《そのひと》の忠義孝行《ちゆうぎこうこう》の所為《しよい》を慕《した》ひ倣《なら》ひ、吾《われ》も急度《きつと》其人《そのひと》の忠義孝行《ちゆうぎこうこう》に負《ま》けず劣《おと》らず、勉《つと》め行《ゆ》き候事《さうらふこと》、学《がく》の第一義《だいいちぎ》なり、然《しか》るに後世《こうせい》に至《いた》り、字義《じぎ》を誤《あやま》り、詩文《しぶん》や読書《どくしよ》を学《がく》と心得《こころえ》候《さうらふ》は、笑《を》かしき事《こと》どもなり。

詩文《しぶん》や読書《どくしよ》は、右学問《みぎがくもん》の具《ぐ》と申《まう》すものにて、刀《かたな》の欛鞘《つかさや》や、二階梯《にかいてい》の如《ごと》きものなり、詩文読書《しぶんどくしよ》を学問《がくもん》と心得候《こころえさうらふ》は、恰《あたか》も欛鞘《つかさや》を刀《かたな》と心得《こころえ》、階梯《かいてい》を二階《にかい》と存《ぞん》じ候《さうらふ》と同《おな》じ、浅鹵粗麤《せんろそそ》の至《いた》りに候《さうらふ》。

学《がく》と申《まう》すは、忠孝《ちゆうこう》の筋《すぢ》と文武《ぶんぶ》の業《わざ》とより外《ほか》には無之《これなく》、君《きみ》に忠《ちゆう》を竭《つく》し、親《おや》に孝《こう》を尽《つく》すの直心《じきしん》を以《もつ》て、文武《ぶんぶ》の事《こと》を骨折勉強致《ほねをりべんきよういた》し、御治世《ごちせい》の時《とき》には、御側《おそば》に被召使候《めしつかはれさうら》へば、君《きみ》の御過《おんあやまち》を補《おぎな》ひ匡《ただ》し、御徳《おんとく》を弥増《いやまし》に盛《さか》んになし奉《たてまつ》り、御役人《おやくにん》と成《な》り候時《さうらふとき》は、其役所役所《そのやくしよやくしよ》の事《こと》、首尾《しゆび》能取修《よくとりおさ》め、依怙贔屓《えこひいき》不致《いたさず》、賄賂請謁《わいろせいえつ》を不受《うけず》、公平廉直《こうへいれんちよく》にして、其一局何《そのいつきよくいづ》れも其威《そのい》に畏《おそ》れ、其徳《そのとく》に懐《なつ》き候程《さうらふほど》の仕《し》わざをなし可申義《まうすべきぎ》を、平生《へいぜい》に心掛《こころが》け居《を》り、不幸《ふこう》にして乱世《らんせい》に逢《あ》ひ候《さうら》はば、各々我《おのおのわが》居場所《ゐばしよ》の任《にん》を果《はた》して寇賊《こうぞく》を討平《うちたひら》げ、禍乱《からん》を克定《かちさだ》め可申《まうすべく》、或《あるひ》は太刀鎗《たちやり》の功名《こうみよう》、組打《くみうち》の手柄致《てがらいた》し、或《あるひ》は陣屋《じんや》の中《なか》にありて、謀略《ぼうりやく》を賛画《さんかく》して、敵《てき》を鏖《みなごろし》にし、或《あるひ》は兵糧小荷駄《ひようろうこにだ》の奉行《ぶぎよう》となりて、万兵《まんべい》の飢渇不致《きかついたさず》、兵力《へいりよく》の不減様《へらざるやう》に心配致《しんぱいいた》し候《さうらふ》事抔《ことなど》、兼々修練可致義《かねがねしゆうれんいたすべきぎ》に候《さうらふ》、此等《これら》の事《こと》を致《いた》し候《さうらふ》には、胸《むね》に古今《こきん》を包《つつ》み、腹《はら》に形勢機略《けいせいきりやく》を諳《そらん》じ蔵《をさ》め居《を》らずしては、叶《かな》はぬ事共多《ことどもおほ》く候《さうら》へば、学問《がくもん》を専務《せんむ》として勉《つと》め行《おこな》ふべきは、読書《どくしよ》して吾知識《わがちしき》を明《あきら》かに致《いた》し、吾心胆《わがしんたん》を練《ね》り候事肝要《さうらふことかんよう》に候《さうらふ》。

然《しか》る処《ところ》、年少《ねんしよう》の間《あひだ》は兎角打続《とかくうちつづ》き業《ぎよう》に就《つ》き居候事《をりさうらふこと》を厭《いと》ひ、忽読忽廃《たちまちよみたちまちはい》し、忽《たちまち》習文講武《ぶんをならひぶをこうず》といふ様《やう》に、暫《しばら》く宛《づつ》にて倦怠致《けんたいいた》すものなり、此甚《これはなは》だ不宜《よろしからず》、勉《べん》と申《まう》すは、力《ちから》を推究《おしきは》め、打続《うちつづ》き推遂候処《おしとげさうらふところ》の気味《きみ》有之字《これあるじ》にて、何分久《なにぶんひさし》きを積《つ》み、思《おもひ》を詰不申候《つめまうさずさうら》はでは、万事功《ばんじこう》は見《み》え不申候《まうさずさうらふ》、まして学問《がくもん》は物《もの》の理《ことわり》を説《とき》、筋《すぢ》を明《あきら》かにする義《ぎ》に候《さうら》へば、右《みぎ》の如《ごと》く軽忽粗麤《けいこつそそ》の致《いた》し方《かた》にて、真《しん》の道義《どうぎ》は見《み》え不申《まうさず》、中々有用実着《なかなかゆうようじつちやく》の学問《がくもん》にはなり申《まう》さぬなり、且又世間《かつまたせけん》には愚俗多《ぐぞくおほ》く候故《さうらふゆゑ》、学問《がくもん》を致《いた》し候《さうらふ》と、兎角驕謾《とかくきようまん》の心起《こころおこ》り、浮調子《うはちようし》に成《なり》て、或《あるひ》は功名富貴《こうみようふうき》に念動《ねんうご》き、或《あるひ》は才気聡明《さいきそうめい》に伐《ほこ》り度病《たきやまひ》、折々《をりをり》出来候《いできさうらふ》ものにて候《さうらふ》、これを自《みづか》ら慎《つつし》み可申《まうすべき》は勿論《もちろん》に候《さうら》へども、茲《これ》には良友《りょうゆう》の規箴至《きしんいたつ》て肝要《かんよう》に候間《さうらふあひだ》、何分交友《なにぶんこうゆう》を択《えら》み、君仁《きみじん》を輔《たす》け、吾徳《わがとく》を足《た》し候《さうらふ》工夫《くふう》可有之候《これあるべくさうらふ》。

【口語訳】

◎学に勉める

学とは「ならう」と読み、すべて自己よりも優れた人々の善事、善行を摸倣《もほう》して、自分もその地位にまで達することを意味する。ゆえに一例を挙げれば、忠義、孝行の人及び事を見ては、直ちにその人の平常の行動、またはその事などを倣《なら》い、自分も必ずその人に負けない程の忠孝の武士になろうと、堅く志すのが学問の第一義である。しかるに後世に至ると、この学の意味を全然誤解もしくは制限して、単に詩文を創作し、読書することだけを学の全体と考えるようになって来た。学の本質から見るとこれほど妙な変化はないのである。

詩文の創作や読書は本来学問の一方法に過ぎぬ。いわば刀の柄《つか》や鞘《さや》、または二階に昇る階段と等しいのである。それらを学問の本質と考える人は、ちょうど柄《つか》や鞘《さや》を刀と考え、階段を二階と思う人と愚かさにおいては少しも変わりはない。実に浅薄《せんぱく》な荒削りな思想ではないか。

学問の方針としては忠孝の筋《すじ》と文武の業《わざ》とより以外に何もあり得ない。一点の不純心なく君に忠、親に孝を尽くして文武二道を励み、泰平の世に御側《おそば》を召し使われた際には、君の御過失を矯正し奉る、君の御徳をますます盛んにし、もし何らかの役に命ぜられた場合には、自己の責任を十分に尽くし、依怙贔屓《えこひいき》なく、賄《わい》賂《ろ》などを絶対に受けず、どこから見ても非難点が少しもなく、その役所内の同輩の尊敬の中心となることを、平常から心掛けるべきだ。不幸にして乱世に逢《あ》ったならば、自己の専門となった方面から全力を費して賊《ぞく》を亡《ほろ》ぼし、国家を平穏の地に置くのが第一で、あるいは太刀、鎗の功名、組打の手柄、または陣中に在って謀略《ぼうりゃく》を出して敵を苦しめ、更に兵糧《ひょうろう》係及び手道具係となったならば、迅速に事を整理し、味方に飢渇《きかつ》の思いをさせず、兵力の減じないように平常から練習しておかなければならない。ただし今述べたことを行うにも、ある程度の予備知識が必要となる。古今の様子を残らず知り、いかに急激の変化に出逢っても、断然処置に迷わないだけの決心が必要である。この予備知識を満たす為に、常に学問を専務とし、自己の心胆《しんたん》を練ることが第一の要件である。

しかるに少年の間は一生涯の目的が決定していない為に、自己の責任にも冷淡《れいたん》で、従って万事に忍耐に欠けている。今、本を読んでいたと思えば二、三日でやめ、直ちに武術の方に熱中すると言った風に、一事を根気よく長時間続けることは困難なのである。いかに困難だと言っても、この習慣だけは守りたいもので、「勉」とはそれに打ち勝つだけの忍耐力の養成を意味する。何事でも長時間の努力の結果でなければ、効果が見えるものではない。まして学問の本質が物の理を究明し、人としての道を明らかにすることにある以上、短時間で仕上げようとしたり、方々に移ったりしては、真の道が発見出来ず、従って実際の効果を見えなくなる。更に世間には凡俗《ぼんぞく》が多いので、少しばかり学問をすると、とかく慢心が起こり、慎重な態度を失い、富貴《ふうき》、功名《こうみょう》の念に動かされたり、あまりに度を過ごした得意になる人々も見かけるが、それを矯正《きょうせい》する最もよろしい手段は良友の感化以外にはない。このゆえに友人を選択し自己の欠点を補うことは、武士にとって特に大切だと考える。

◎択交友

交友《こうゆう》は、吾連朋友《わがつれほうゆう》の事《こと》にて、択《たく》とはすぐり出《だ》す意《い》なり、吾同門同里《わがどうもんどうり》の人《ひと》、同年輩《どうねんばい》の人《ひと》、吾《われ》と交《まじは》りくれ候《さうら》へば、何《いづ》れも大切《たいせつ》にすべし、乍去其中《さりながらそのうち》に損友益友《そんゆうえきゆう》候《さうら》へば、則択《すなわちえらぶ》と申《まう》す事肝要《ことかんよう》なり、損友《そんゆう》は、吾《われ》に得《え》たる道《みち》を以《もつ》て、其人《そのひと》の不正《ふせい》の事《こと》を矯直《ためなお》し可遣《つかはすべし》、益友《えきゆう》は、君《きみ》より親《したし》みを求《もと》め、事《こと》を詢《はか》り、常《つね》に兄弟《けいてい》の如《ごと》くすべし、世《よ》の中《なか》に益友《えきゆう》ほど難有難得者《ありがたくえがたきもの》はなく候間《さうらふあひだ》、一人《ひとり》にても有之《これあら》ば、何分大切《なにぶんたいせつ》にすべし。

総《すべ》て友《とも》に交《まじは》るには、飲食歓娯《いんしよくかんご》の上《うへ》にて附合《つきあひ》、遊山釣魚《ゆさんちようぎよ》にて狎合《なれあひ》は不宜《よろしからず》、学問《がくもん》の講究《こうきゆう》、武事《ぶじ》の練習《れんしゆう》、士《さむらひ》たる志《こころざし》の研究《けんきゆう》、心合《こころあひ》の吟味《ぎんみ》より交《まじはり》を納《い》れ可申事《まうすべきこと》に候《さうらふ》、飲食遊山《いんしよくゆさん》にて狎合候朋友《なれあひさうらふほうゆう》は、其平生《そのへいぜい》は腕《うで》を扼《と》り肩《かた》を拍《う》ち、互《たがひ》に知己知己《ちきちき》と称《しよう》し居候《をりさうら》へ共《ども》、無事《ぶじ》の時《とき》、吾徳《わがとく》を補《おぎな》ふに足《た》らず、有事《ゆうじ》の時《とき》、吾危難《わがきなん》を救《すく》ひくれ候者《さうらふもの》にてはなし、これは成《な》り丈屢出会不致《たけしばしばであひいたさず》、吾身《わがみ》を厳重《げんじゆう》に致《いた》し附合《つきあひ》候《さうらひ》て、必狎昵致《かならずこうじついた》し吾道《わがみち》を褻《けが》さぬ様《やう》にして、何《なに》とか工夫《くふう》を凝《こら》して、其者《そのもの》を正道《せいどう》に導《みちび》き、武道学問《ぶどうがくもん》の筋《すぢ》に勧《すす》め込候事《こみさうらふこと》、友道《ゆうどう》なり、偖益友《さてえきゆう》と申《まう》すは、兎角気《とかくき》遣《づかひ》な物《もの》にて、折々不面白事有之候《をりをりおもしろからざることこれありさうらふ》、夫《それ》を篤《とく》と了簡致《りようけんいた》すべし、益友《えきゆう》の吾身《わがみ》に補《おぎな》ひあるは、全《まつた》く其気遣《そのきづかひ》なる処《ところ》にて候《さうらふ》、士有争友雖無道不失令名《しそうゆうあればむどうといえどもれいめいをうしなはず》と申《まう》すこと、経《けい》に有之候《これありさうらふ》、争友《そうゆう》とは即益友也《すなはちえきゆうなり》、吾過《わがあやまち》を告知《つげし》らせ、我《われ》を規弾致《きだんいた》しくれ候《さうらひ》てこそ、吾気《わがき》の附《つか》ぬ処《ところ》の落《おち》も欠《かけ》も補《おぎな》ひたし候事《さうらふこと》、相叶候《あひかなひさうらふ》なり、若右《もしみぎ》の益友《えきゆう》の異見《いけん》を嫌《きら》ひ候時《さうらふとき》は、天子諸侯《てんししよこう》にして諫臣《かんしん》を御疎《おうと》みなされ候《さうらふ》と同様《どうやう》にて、遂《つひ》には刑《けい》戮《りく》にも罹《かか》り、不測《ふそく》の禍《わざはひ》をも招《まね》く事《こと》あるべきなり。

偖《さ》て益友《えきゆう》の見立方《みたてかた》は、其人剛正毅直《そのひとごうせいきちよく》なるか、温良篤実《おんりようとくじつ》なるか、豪壮英果《ごうそうえいか》なるか、俊邁明亮《しゆんまいりようめい》なるか、濶達大度《かつたつたいど》なるかの五《いつ》つに出《い》でず、此等《これら》は何《いづ》れも気遣《きづかひ》多《おほ》き人《ひと》にて、世間《せけん》の俗人《ぞくじん》どもは甚《はなは》しく厭弃致《えんきいた》し居候者《をりさうらふもの》なり、彼損友《かのそんゆう》は、佞《ねい》柔善媚《じゆうぜんび》、阿諛逢迎《あゆほうげい》を旨《むね》として、浮躁弁慧《ふそうべんけい》、軽忽粗慢《けいこつそまん》の性質《せいしつ》ある者《もの》なり、此《これ》は何《いづ》れも心安《こころやす》く成《な》り易《やす》き人《ひと》にて、世間《せけん》の女子小人《じよししようじん》ども、其才智《そのさいち》や人品《じんぴん》を誉居《ほめをり》候者《さうらふもの》なれども、聖賢豪傑《せいけんごうけつ》たらんと思《おも》ふ者《もの》は、其所択自《そのえらぶところおのづか》ら在《あ》る所《ところ》あるべし。

以上五目《いじようごもく》、少年学《しようねんがく》に入《い》るの門戸《もんこ》とこゝろえ、書聯申候者也《かきつらねまうしさうらふものなり》。

【口語訳】

◎交友を択《えら》ぶ（選ぶ）

交友とは自分が平素《へいそ》接している友人のことで、択《えら》ぶとは多数の中から少数に注意してそれを引き出す意味である。元来人間に交際が必要なのは今更言うまでもないので、同門、同郷、あるいは同年輩の人々が、自分に交際を求めたならば、出来る限り大切にするのがよろしい。ただし友人の中にも損友と益友とがある。ここに選択の必要を感ずるのだ。損友には自分の得た道でその欠点を矯正してやるのが正しく、益友には自分から進んで交わりを厚くし、万事を相談して常に兄《けい》事《じ》しなければならない。自分は世の中に益友ほど大切なものはないと思う。また益友ほど得るのに困難なものはない。ゆえに一人でもそれを持っていたら、この上もなく大切にしなければならない。

友と交際するにも一定の心得がある。昔の人は、飲食、娯楽その他の遊び事の上での交際は不可であり、学問の研究、武事の練習、精神上の鍛錬から一致したものでなければ友人に持つなと言ったが、自分もそれには大賛成である。飲食及び遊山《ゆさん》などの友人関係は、平常ことごとに肩を並べ腕を組んで、「貴公こそ自分を全部理解している」などと言い合うが、平生から自分の徳を補うものではなく、万一の場合に自己の危難を救ってくれるものでもない。この種の人々に対しては特に自己を警戒し、あまりに狎《な》れ親しむことなく、自分の道が少しでも曲げられないように注意し、その上で相手を正道に導き、武道なり学問なりに懸命となるよう感化するのが真の友情というものである。次に益友から受ける印象は確かに損友から受けるよりも悪いことがあるに相違《そうい》ない。あるいは時には自分の感情を害する言行もあろうが、これは前もって覚悟する必要がある。益友の益は全くその点に在るのだ。聖人の書かれたものに「士に争友あれば、無道なりと雖《いえど》も、令名《れいめい》を失わず」とある。この争友とは益友のことだ。益友は自分の欠点を遠慮なく告げ、自分をより正しい道に導いてこそ、自分の知らない欠点にも気付き、矯正するようになるのではないか。もしこの種の益友の異見を嫌っていたら、ちょうど諫臣《かんしん》を疎《うと》まれる天子《てんし》、諸侯《しょこう》と同じく、結局は悪臣の為に禍《わざわ》いをこうむり、意外な災難にも遭うのである。

しからば何を基準として我々は損友、益友を区別するか。まず益友とはいかなる性質を持っているかの問題から考察してみよう。益友の性質は次の五類に限られている。第一は態度が公明正大で勇気ある人、第二は温良篤実《とくじつ》な人、第三は絶大な元気があり、事物を躊躇《ちゅうちょ》なく断行出来る人、第四は非常に頭脳が優れていて平常の様子が朗らかな人、そして第五は清濁《せいだく》を併せて呑《の》み得る闊達《かったつ》な人である。ただしこの第五の場合の清濁とは決して世の悪人までをも許す意味ではなく、多少の欠点が目立つ人でも平気で交際出来るほど感化力の強い人のことだ。これらの大部分はいずれも平常からの態度、一挙一動を慎むので、世の俗人どもからはあまり歓迎されない一般性を有している。また損友の通有性は一定した節操《せっそう》がなく、権力者には御世辞を言って気に入られようとし、平生《へいぜい》の態度が全然軽率《けいそつ》そのものである。慎重な態度を採らないから人々と何事でも話を合わせる。話を合わせるから、一方においては実に識見のあるように過大視され、他方では婦女子、小人《しょうじん》などはその本質を知らず、表面に顕《あら》われたものを中心として盛んに賞讃《しょうさん》するが、将来聖賢、豪傑《ごうけつ》を志した者は、この種の本質を看破《かんぱ》しなければならない。

以上の五箇条《ごかじょう》は入門の少年にとって最も必要だと思い、条書きと説明とを加えたものである。

＊原文＋口語訳。共に『大日本思想全集』第十八巻〈昭和八年。大日本思想全集刊行會発行〉による。啓発録叙の原文は、『啓発録』橋本左内・著、伴五十嗣郎・全訳注（講談社学術文庫）に準じ、筆者による口語訳を付けた。なお、読みやすくなるよう漢字をひらがなにした箇所、送りがなを追加した箇所等がある。

付録　「啓発録」以後の橋本左内

橋本左内のその後

橋本左内が二十歳の時にペリーが来航し、二十五歳の時に日米修好通商条約が結ばれます。日本が鎖国から開国に向けて大きく揺れ動いた時代です。左内は、そうした時代の日本の将来について広い視野に立って考え、見通しを持って行動した偉人の一人です。

福井藩主の松平春嶽《まつだいらしゅんがく》はそういった左内の先見の明を高く評価し、藩校の学監に抜擢《ばってき》すると同時にお殿様の相談役である「書院番」という役も命じました。

左内は藩校の改革に敏腕を奮い、自分が学んだ蘭学を取り入れたり、算学科を設けたりしましたが、「西洋に後《おく》れをとっている科学技術等については西洋から学ぶことは大切であるが、それは、日本人としての誇りを捨てて何でもかんでも西洋の真似《まね》をすればよいということではない」と考え、日本が外国と対等な独立国家となる為にはまずは日本人としての誇りと教養を身につけることが大事だと説いていました。

藩主春嶽は、幕府の次の将軍（第十四代）には優秀だと評判の良い徳川慶喜《とくがわよしのぶ》をたて、日本が幕府も朝廷も一致団結して強い独立国家を目指すべきだと考えました。そして、外交に関して朝廷の意見も聞くべきだとの意見でした。これらはもちろん書院番である左内と春嶽の一致した意見でした。

左内は君主の考えを全国の有力者に説いて回りました。その時に、西郷隆盛《さいごうたかもり》とも会って話をし、七歳も年下の左内に西郷さんが心服した話は有名です。

しかし、その進んだ考えに反対だった井伊直弼《いいなおすけ》が幕府の大老になると、強引に十四代将軍を徳川慶福《よしとみ》（のちの家茂《いえもち》）に決め、自分と反対の意見を持った人たちを処罰しました（安政の大獄）。

多くの有力者に支持された左内の進んだ考えは、井伊大老にとっては大きな脅威であり、島流しに決まっていた罪状を、井伊大老が直々に死罪にしてしまいました。

約一年の間、謹慎の身であった左内は、『資治通鑑《しじつがん》』という書物の註《ちゅう》を作り、将来の日本に生かせる学問を後世に残そうと努力を惜しみませんでした。そして、惜しまれながら満二十五歳の若さで斬首《ざんしゅ》（処刑）されました。

奇《く》しくもその一年前に「啓発録」を偶然自分の部屋の古い箱の中から見つけ、思うところがあった左内は親友である矢嶋皥《やじまあきら》に序文を書いてもらい（P40～参照）、一冊浄写《じょうしょ》（書き写し）して自分の弟と愛弟子《まなでし》に贈ったのです。

松平春嶽も藩主の座を奪われ、隠居させられましたが、井伊大老が亡くなった（桜田門外の変）後、春嶽は再び幕府の政治を執るように命じられ、将軍の次の地位に当たる政事総裁職に就きました。明治に入ってからは大臣に当たる民部卿《みんぶきょう》や大蔵卿《おおくら》、今の東京大学の総長や天皇陛下に学問を講義するなどの要職を任されました。若き左内の学問、見識、世の中を見通す先見の明を誰よりも理解した君主でした。

同時代人の見た橋本左内

松平春嶽（福井藩主）

左内は誠に頭が良く、子供の頃から学問を好んだ。成長するに従い、世の中の様々を嘆き、大きな志を抱くようになった。彼の見識はどんな人よりはるかに優れ、性格はあくまで温和・純粋で謙虚さを失わない人だった。

西郷隆盛（薩摩《さつま》藩士・政治家）

自分は先輩として藤田東湖《ふじたとうこ》に敬服し、同僚では橋本左内に敬服している。この二人の学才、才器、見識は到底自分の及ぶところではない。

吉田松陰（松下村塾《しょうかそん》塾長）

橋本左内と同じ獄中にいながら逢えなかった事を残念に思う。彼は幽閉中にも『資治通鑑《しじつがん》』という書物の註を作り獄中でも学問を論じた。特に「獄制論」は私も共感するところが多く彼と会って論じ合いたいと思ったが彼は既に処刑されてしまった。

あとがき

「瀬戸塾」は昭和五十四年に設立しました。現在私の塾では六歳の子供から八十歳の方、約百二十名が一緒に学び汗を流しております。

瀬戸塾は「空手」を中心として活動していますが、空手はあくまでも手段です。

全ての塾生は「君子」になることを目指し、自己を研鑽《けんさん》し、世のため人のために役に立つ人間に成る、といった覚悟を持った人間の養成を目指しております。「自分の人生に対し、自信とプライドを持ち、社会に対し貢献しよう」といった思いを持つ人間の育成です。

そのためにはまず強い人間にならなければ本当の意味での社会貢献など出来ません。強い人間とは、ただ単に、空手が強いとか腕力があるというのではなく、心身ともに強く、胆《きも》の据わった人間、胆力のある人間のことです。

何事にも動じることなく、良識を持ち適切な判断が出来る人、周りの人の顔色や、組織の常識にとらわれることなく、正しいことは正しい、間違っていることは間違っているとハッキリと意思表示の出来る人のことです。

そのような人物の育成を目指し、瀬戸塾では「心」の強化として論語や武士道を中心とした、人間としてどう生きるべきかの勉強会を行っています。「身体」の強化として空手を通して肉体と精神を鍛えています。

子供の時に、人としての正しい道を学んだ人は、人生紆余曲折《うよきょくせつ》があっても決して間違った方向には進みません。


あと一年で義務教育を終え、自分の意志でこれからどのような人生を歩むのかを決めなければならない十四歳の若者を対象に、自分の人生に対して自覚を促し、しっかりとこれからの人生を歩んでもらいたいといった思いを込め、「瀬戸塾」では毎年開催する「瀬戸塾杯」（瀬戸塾の教えに共鳴した仲間が集まり、初心者～上級者まで参加出来る空手道選手権大会）で、平成二十一年から「立志式」を行っています。

成人の時になって「志」を立てるのでは遅すぎます。十四歳、この時期に志を立てることにより将来の自分の生きざまが決まります。

立志者は、立志式を迎えるに当たり、三か月前から毎週金曜日、空手の練習後約二十分間、橋本左内が書き残した「啓発録」にある五つの誓いを中心に学びます。そして、夢と志の違い、欲望とは何か、努力とは、動物と人間の違い、人間の身体は気によってコントロール出来ること、等を学びます。

今の豊かで平和な日本という国を守り創り上げるまでの道のりは決して平坦《へいたん》ではなく、様々な苦労や苦難がありました。

特に、元寇《げんこう》、日清戦争、日露戦争、そして大東亜《だいとうあ》戦争といった国家存亡の危機に際して、常に国民が一体となって、立ち向かい苦難を乗り越え、今の日本という素晴らしい国を創り上げてくださったご先祖様に対する感謝の気持ちを抱くことを立志式に向けて学びます。

最後の仕上げとして瀬戸塾杯開催一週間前の日曜日に靖國《やすくに》神社に赴き、境内にある遊就館《ゆうしゅうかん》を訪ね幕末から現代に至《いた》るまで、日本という国はいかに国際社会にほんろうされながらも守り抜いてきたかを学び、館内資料の日本を守るために散っていた特攻隊の方々の遺書を読みます。そして靖國神社に祀《まつ》られている、二百四十六万六千五百八十四柱の御魂《みたま》に感謝を込め昇殿参拝をいたします。

最後の勉強会は靖國神社に向かう行きの車の中では「日本の国体、国の在り方と天皇」について。帰りには、「遊就館で何を学び、感じたか」そして「私たちが日々安心して過ごせることに感謝し、自分たちには今よりもっとより良い日本にして次の世代に引き渡さなければならない使命がある」ことなどを話します。

立志式当日は両親や保護者を招待し来賓《らいひん》と瀬戸塾生全員の前で一人一人が決意表明文を読み上げた後、決意の言葉を書いた厚さ七分（二・三センチ）の板を正《せい》拳突《けん》きで割ります。時にはなかなか割れず二回三回と挑戦し、拳《こぶし》の皮が擦《す》り剥《む》け血がにじみ、それでも挑み続けついに板が割れた時には痛みで手が小刻みに震えて拳を握ることすら出来ません。しかしながら達成した喜びと高揚感がその表情から察せられ、私もホッとし、心の中で「よくやった」と思わず叫んでいます。彼たちにとって一生忘れることの出来ない出来事だと確信しております。

立志式に向けての勉強を始めた時には「君たちの夢を聞かせて欲しい」と聞いても、皆首をかしげるだけでほとんどの子供は明確な人生に対する目標を持っていません。しかし、勉強会を重ねていくにつれて彼たちが実感するのはまず稚心を去ることの大切さです。自分に内在している甘え心を取り去らなければ一歩も前に進むことが出来ないことに気がつきます。そこからは私の質問に対し徐々に自分の意見を話し出せるようになっていきます。

学校では「皆仲良く付き合いましょう」と教えられますが、「人は朱に交われば赤くなる。」という諺があるように、切磋琢磨《せっさたくま》できる善い友達（益友）を選ばなければ人は環境に染まりやすく楽な方に流れる。だから、ケンカする必要はないけれど、全ての人と仲良くする必要はない。孤独を恐れてはいけない」と話すと始めはびっくりした顔をしますが、反面ホッとした表情する子もいます。

立志式は後輩たちにとっても憧れであって、本人も親御さんたちも立志式を迎える年になると「やっと立志式が出来る」といって喜びます。受験のためしばらく空手の練習から離れていた子も「立志式には出たい」と言って、何とか時間を作り勉強会だけに参加して立志式を迎える子もいます。

この三か月間に学んだこと、一生懸命悩んで立志の誓いを考えたこと、板を割った拳の痛みなどを忘れず、日々努力を積み重ねたならば必ず素晴らしい人生を歩むことが出来ると確信しています。

十四歳の若者が、立志式に向けての勉強を通してどのように心が変化し、成長していくかは、彼たちが立志式の時に読み上げる決意表明を読んでいただければよく分かると思います。

令和五年一月

瀬戸謙介

志を貫く

中学二年生　塩澤友紀

「志」……。「志」とは、国語辞典では、「こうしようと心にきめたこと。」と書いてあります。しかし、「志」の本当の意味は、これだけで充分でしょうか。「志を立てる」と書いて「立志」と読みます。私は、瀬戸塾に入門し、この立志式の機会を得て、「志」という言葉の本当の意味を知ることが出来ました。

橋本左内は、江戸時代末期の武士でした。左内は、現在ならとても若い十四歳という歳に、「啓発録」を書きました。彼は、どうやって偉大な人物に成長したのでしょうか。それは、多分、左内自身が書いた「啓発録」のおかげです。「啓発録」を書くことで、彼は、人生において大切な五つのことを学びました。それは、「稚心を去ること」、「気を振るうこと」、「志を立てること」、「学に勉めること」、そして、「朋友を択ぶこと」です。橋本左内は、しっかりと志を立て、自身が目指した「世の中のためになる人物」になりました。

志を立て世のために生きたのは、橋本左内のような偉人だけではありませんでした。私は、靖國神社に行って、戦争へ行った兵隊や戦争の犠牲になった女性たちの「精神」の強さを知ることが出来ました。勉強会で、「精神と心は違う」と教わりました。「心」は揺れるけれど「精神」はぶれません。戦争の犠牲になった方がたの大半は、とても若い人たちでした。しかし、強い精神を持っていました。世の中のために戦うだけの強い決意と覚悟がありました。私は、犠牲になった方がたの遺書を読むことで、その気持ちを知ることが出来ました。

この立志式は、私自身がこの世界のより良い未来に貢献できる人間となるために、大切な儀式です。立志式に備え毎週勉強会に出席し、私は、とても大事なことを学びました。

まず、私は、今まで何か都合の悪いことがあると、自分以外の人やもの、ことのせいにしていましたが、それではいけないと改めて気づきました。これは当たり前のことかもしれないけれど、実際には、何か自分の身に不都合が生じたとき、自分以外に全く原因を求めないということはなかなか出来るものではないと思います。人のせいや自分以外の存在のせいにするというのは、ある意味では幼稚な行いであり、稚心のあらわれだと思います。しかし、一人ひとりが強く決心をすれば、このような幼稚な考えは誰も持たなくなると思います。

そして、もう一つ。「志」は「夢」とは異なる、ということを知りました。志には決意と覚悟が必要です。一方、夢は欲望です。夢は大切ですが、夢だけでは何も出来ません。志を立てれば、大人になったときに目標を達成できます。

私は、大人になったらお医者さんになりたいです。これはあくまでも夢です。けれども、志を持ち、強い精神、決意、覚悟で、しっかり勉強に励み、努力を重ねれば、なれると信じています。私は、お医者さんになったら世の中の人々を病から救いたいと考えています。これが私の志です。

私は、小学四年生のころ膝を痛めてしまって空手を二年間休みました。でも、小学六年のときに再び空手を始めました。空手を続けたいという私の気持ちが強かったからだと思います。そして、これが精神なのだと思います。今の私の目標は、黒帯をとることです。そのためには、今後空手にかける強い決意と覚悟が益々必要になることでしょう。そして、このようにして鍛えあげられていく「精神の力」は、これから私が志を貫き通していくにあたり、将来必ず大きな力になると信じています。

私にとっての志は、世のため人のためにに力を尽くすことです。そのためには、強い決意と覚悟で、努力を継続し、甘える心と決別し、勉学に励み、そして、益友と交わることが大切です。今日、私はここで、これからの日々、気合いを入れて更なる修練を積み、そして、精進を続けることを誓います。人生は長いようで短く、この世で人に与えられた時間は限られています。これからも、この与えられた限られた時間を大切に、懸命に生き、そして、志を貫くことを決意します！

平成廿五年十二月廿三日

甘え心をなくし学に勉める

中学二年生　河端　蓮太郎

「去稚心」とは甘え心をなくすということだ。今までの僕は、目に見える甘え心のようなものでした。親の目を盗んでは、マンガを読んだり、ゲームをしたり、勉強面でもあまり勉強をせず、テストでも普通の点数しかとらず、二日に一回は友達と遊び、親に迷惑ばかりかけていました。

そんな中、瀬戸先生から「毎週金曜日稽古が終わり時に、毎回立志式に向かって勉強会をやるぞ」と言われました。

立志についてや橋本左内が満十四歳の時に書いた「啓発録」について教えて下さいました。僕は「啓発録」の五項目の中で自分に合っているのは「稚心を去る」と「学に勉める」だと思いました。なぜ「稚心を去る」だけでなく「学に勉める」も合っていたかというと、来年は中学三年生になり、高校受験のために頑張らなければならないからです。今日からちょうど一週間前に瀬戸先生と杉岡先生、他の立志者と一緒に靖國神社のお参りと遊就館の見学に行きました。遊就館の見学で一番びっくりして心が痛くなったのは、大東亜戦争で出兵した人達の遺書がかざってある部分と出兵した人の顔と名前が書かれているゾーンでした。特攻隊の航空機や潜水艦に乗る人が、遺書に「母上、お許し下さい」と書いていたところを読んで、自分がどれだけ平和な時代で幸せな生活を送っているのかがすごく良く分かりました。また、先生に頂いた英霊の遺書が沢山書かれている本を帰宅して読んでみると、目頭が熱くなるようなことがたくさん書かれており、自分が情けなく感じるようになってきました。

母は毎日家事だけでなく妹の世話などをして下さり、父は夜遅くまで働いてくれています。にもかかわらず、いつも怠けた生活ばかりして親に迷惑ばかりかけてしまっていました。

橋本左内は、僕と同じ十四歳の時に「啓発録」を書き、決意表明をしました。僕は、橋本左内のようになれなくても、今日の立志式で「稚心を去り」「学に勉められる」よう努力します。また、十四年間僕を大事に育てて下さった両親に親孝行し、身体を張って育ててきたかいがあったと思ってもらえるような人間になるために努力していきたいと思います。

十四歳の誓い

中学二年生　荻野極

今日、立志を迎える僕は、先生方から橋本左内が十四歳の時に啓発録という書物の中で立てた五つの志について学びました。

そして数日前、先生方と一緒に橋本左内や坂本龍馬といった歴史的に有名な幕末の志士や日本の国を護るために亡くなった人達を祀っている靖國神社へお参りに行きました。日本の未来を願い自らの尊い命を捧げて戦った武士や軍人達の事を今の自分と照らし合わせ、これからの生き方について真剣に考えてみました。

今までの行動を振り返ってみるといつも自分の都合の良いように行動していました。自分の事を優先に考え、周りの人への気遣いや思いやりが足りなかったと思います。不平や不満を我慢出来ず、自分の感情をすぐ口に出してしまう事もありました。両親に注意を受けた時もすぐ口答えや言い訳をしてなかなか素直に従う事が出来ませんでした。それなのに困った時だけ頼りにしてしまい、本当に自分勝手で甘えていたと反省しています。今の僕と同じ歳の時、橋本左内はすでに立派な武士になろうと、志まで立てていたのに、今まで僕がとっていた行動を振り返ると、とても恥ずかしいです。

橋本左内の志、そして先生方から学んだ孔子の教えを胸に刻み、これからは、自分の事だけを考えるのではなく、今まで育ててくれた両親に感謝し、人や社会に貢献できる立派な大人になるための努力をしていかなければならないと思いました。

「啓発録」の中で橋本左内が立てた五つの志は、どれも将来僕が人や社会に貢献できる人になるために必要な志です。僕には夢でなく目標があります。夢というのは思い描くだけで行動に移さなければただの憧れで終わってしまうからです。だから僕は今までずっと、その目標を達成するために自分で計画を立ててそれを実行してきました。

その目標を達成するためには今日志を立て、大人になったら人や社会に貢献できるようになりたいと思います。一度志したからには、目標を確実に達成するための努力をしなければならないと思います。

僕の「極」という名前の由来は何か一つで良いから努力を惜しまず極める人間

になって欲しいという願いが込められています。絶えず読書や勉学、先生方から学び、良い友達から刺激を受け、気を振るい続けることは大変です。強い心を持ち続けなければ、逆境や困難には勝てません。もし逆境や困難に負けてしまうとしたら自分の甘えだと思います。

その自分の甘えを捨てるために僕は今日ここで橋本左内が立てた志の一つである「稚心を去る」ことを誓います。

参考文献

『大日本思想全集』第十八巻（大日本思想全集刊行會）
『啓発録』橋本左内・著、伴五十嗣郎・全訳注（講談社学術文庫）
『吉田松陰全集』（岩波書店）
『西郷隆盛全集』西郷隆盛全集編集委員会・編（大和書房）

〈著者紹介〉

瀬戸謙介——せと・けんすけ

昭和21年父親の赴任先である旧満州生まれ。獨協大学卒業。（卒論は武士道）14歳で空手を始める。社団法人日本空手協会八段、日本空手協会東京都本部会長。昭和54年、武術としての空手錬磨のみならず、日本人の誇り、武士道精神を学べる空手塾「瀬戸塾」を立ち上げ、これまでに500名を超える塾生を育ててきた。その指導実践は、保護者からも「子供に自信と積極性が出た」などと高い評価を得ている。全日本空手道選手権大会都道府県対抗戦（形の部）昭和53年以降5年連続優勝。日本空手協会熟練者全国空手道選手権大会 平成18年、令和4年、形の部優勝。A級指導員、A級審査員、A級審判員。著書に『子供が喜ぶ論語』『子供が育つ論語』（共に致知出版社）。

14歳からの「啓《けい》発《はつ》録《ろく》」

令和五年二月二十日第一刷発行

著 者 瀬戸 謙介

発行者 藤尾 秀昭

発行所 致知出版社

〒150-0001 東京都渋谷区神宮前四の二十四の九

TEL（〇三）三七九六—二一一一

印刷・製本 中央精版印刷

落丁・乱丁はお取替え致します。（検印廃止）

ISBN978-4-8009-1277-0 C0095

ホームページ https://www.chichi.co.jp

Eメール books@chichi.co.jp